Level 1

# 구성과 특징

## ▶ 영어 문장의 구성 원리를 깨우치는 5단계 학습

〈초등영문법 문장의 원리〉는 초등학생이 알아야 할 문장의 기본 원리를 담은 책이에요.
**〈문장의 기본 원리 학습 ➡ Quiz로 확인하기 ➡ 문장의 빈칸 채우기 ➡ Review Test로 확인하기 ➡ 통문장 쓰기〉**의 5단계로 학습해요. 기본 개념 익히기에서 통문장 만들기까지 자연스럽게 영어 실력을 쌓아보세요!

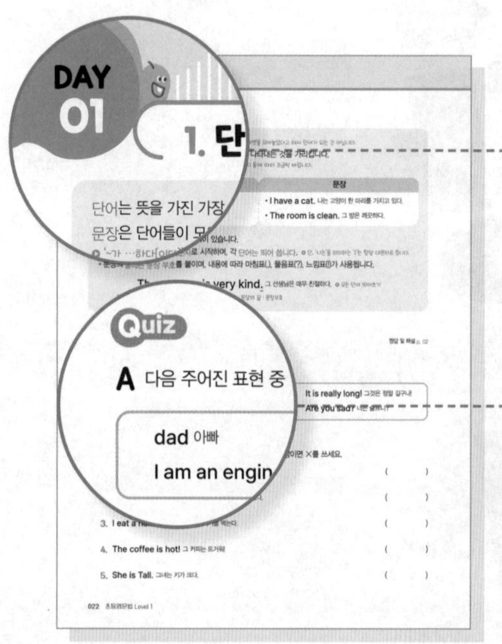

### 1 Basic Principle

**문장의 기본 원리 익히기**

초등학생이 알아야 할 영어 문장의 기본 원리를 담았어요.
쉬운 설명으로 중요한 내용을 한눈에 이해할 수 있어요!

### 2 Quick Check

**Quiz로 개념 이해 확인하기**

Quiz로 기본 원리를 잘 이해했는지 확인할 수 있어요.
영어가 어렵거나 재미없다고 생각하지 않도록 쉬운 문제들로 구성했으니, 한 문제 한 문제 차근차근 풀어보세요!

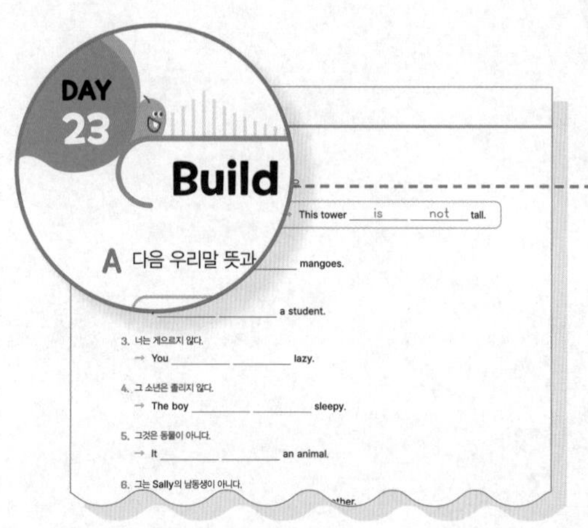

### 3 Simple Writing

**간단한 쓰기로 실력 Build up!**

공부한 원리로 문장이 어떻게 만들어지는지 살짝 맛볼 수 있어요.
이렇게 조금씩 조금씩 통문장을 쓸 준비를 해나가는 거예요!

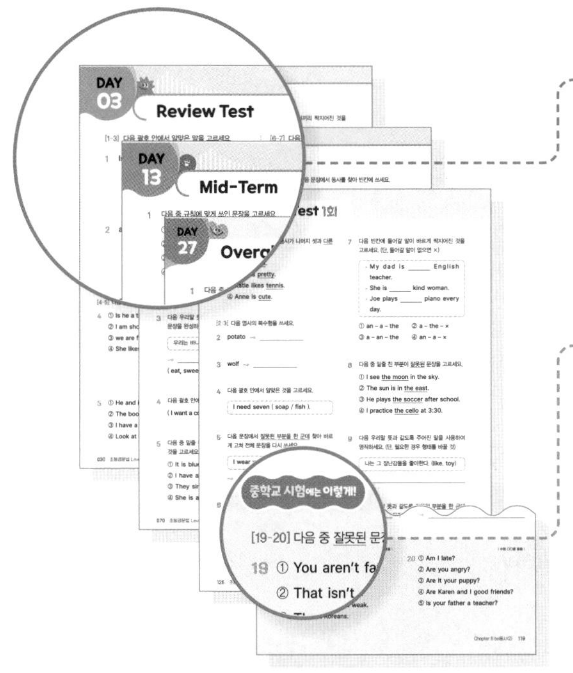

## 4 Multiple Check

### 다양한 테스트로 탄탄한 실력 Up!

• Review Test 8회 ➡ Mid-Term과 Finals ➡ Overall Test 3회
다양한 테스트를 통해 문장의 기본 원리를 빈틈없이 복습할 수 있어요.
반복으로 다진 탄탄한 실력이 영어에 대한 자신감을 높여준답니다!

▶ 중학교 시험에는 이렇게!

실제 중학교에서 출제된 문제 유형을 살펴볼 수 있어요.
중학교 시험 문제를 풀어보며 도전 의식도 기르고, 공부의 방향도 점검해 보세요.

Workbook

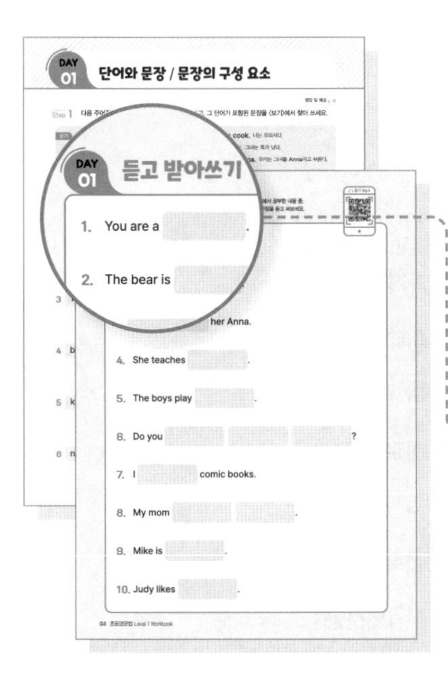

## 5 Making Sentences

### 통문장 만들기 도전!

본책에서 공부한 원리가 문장에서 어떻게 적용되어 쓰이는지 익혀 보세요.
처음부터 바로 통문장을 쓰기보다는 〈원리 재확인 문제 ➡ 빈칸 채우기 또는 틀린 곳 고쳐쓰기 ➡ 배열하기 ➡ 통문장 쓰기〉의 기본 과정을 거치며 차츰 통문장 쓰기에 도전할 수 있어요!

▶ 듣고 받아쓰기

Chapter가 끝나면 10문장을 듣고 받아쓰기를 해보세요.
초등 필수 영단어, 잘못 듣기 쉬운 단어, 덩어리로 쓰이는 표현 등을 듣고 쓰면서 Chapter 학습을 완벽히 마무리할 수 있어요.

# 차례



## 초등영문법 문장의 원리 LEVEL 2-4에서 공부하는 내용

| LEVEL 2 | LEVEL 3 | LEVEL 4 |
|---|---|---|
| 1. 일반동사(1) | 1. 의문사(1) | 1. 과거진행형 |
| 2. 일반동사(2) | 2. 의문사(2) | 2. 미래(1) |
| 3. 형용사 | 3. There is ~ / There are ~ | 3. 미래(2) |
| 4. 기수와 서수 | 4. be동사의 과거 | 4. 비교급 |
| 5. some, any, every, all | 5. 일반동사의 과거 | 5. 최상급 |
| 6. 부사 | 6. 조동사(1) | 6. 접속사 |
| 7. 현재진행형 | 7. 조동사(2) | 7. 부가의문문 |
| 8. 전치사 | 8. 명령문, 청유문, 감탄문 | 8. 다양한 의미의 It is ~ |

# 학습 계획표

| DAY | Chapter | 학습 내용 | 학습 날짜 |
|---|---|---|---|
| DAY 01 | 1. 문장의 구성 | 1 단어와 문장 \| 2 문장의 구성 요소 | / |
| DAY 02 | | 3 품사 | / |
| DAY 03 | | Review Test \| Word Review | / |
| DAY 04 | 2. 명사(1) | 1 명사 \| 2 셀 수 있는 명사의 복수형 (1) – 규칙 변화 | / |
| DAY 05 | | 3 셀 수 있는 명사의 복수형 (2) – 불규칙 변화 | / |
| DAY 06 | | Review Test \| Word Review | / |
| DAY 07 | 3. 명사(2) | 1 셀 수 없는 명사와 그 종류 | / |
| DAY 08 | | 2 셀 수 없는 명사의 수량 표현 | / |
| DAY 09 | | Review Test \| Word Review | / |
| DAY 10 | 4. 관사 | 1 관사 a, an | / |
| DAY 11 | | 2 관사 the \| 3 주의해야 할 관사의 쓰임 | / |
| DAY 12 | | Review Test \| Word Review | / |
| DAY 13 | Mid-Term | | / |
| DAY 14 | 5. 대명사(1) | 1 대명사와 인칭대명사 | / |
| DAY 15 | | 2 인칭대명사의 주격, 목적격 (1) \| 3 인칭대명사의 주격, 목적격 (2) | / |
| DAY 16 | | Review Test \| Word Review | / |
| DAY 17 | 6. 대명사(2) | 1 인칭대명사의 소유격, 소유대명사 \| 2 명사의 소유격, 소유대명사 | / |
| DAY 18 | | 3 지시대명사 \| 4 지시형용사 | / |
| DAY 19 | | Review Test \| Word Review | / |
| DAY 20 | 7. be동사(1) | 1 명사/인칭대명사와 be동사 | / |
| DAY 21 | | 2 지시대명사와 be동사 | / |
| DAY 22 | | Review Test \| Word Review | / |
| DAY 23 | 8. be동사(2) | 1 be동사의 부정문 | / |
| DAY 24 | | 2 be동사의 의문문 (1) \| 3 be동사의 의문문 (2) | / |
| DAY 25 | | Review Test \| Word Review | / |
| DAY 26 | Finals | | / |
| DAY 27 | Overall Test 1회 | | / |
| DAY 28 | Overall Test 2회 | | / |
| DAY 29 | Overall Test 3회 | | / |

▶ 교육부 지정

# 초등 필수 영단어 800

듣기 MP3

다음은 교육부가 지정한 **800개의 초등 필수 영단어**입니다.
본 교재를 학습하기 전 본인의 어휘 실력을 체크한 후, 모르는 단어는 반드시 익히도록 하세요!

**No. 1 ~ 250** 난이도★

| No. | Word | Meaning | Check |
|---|---|---|---|
| 1 | a | 하나의 | ☐ |
| 2 | after | ~후에, ~뒤에 | ☐ |
| 3 | air | 공기 | ☐ |
| 4 | and | 그리고 | ☐ |
| 5 | ant | 개미 | ☐ |
| 6 | apple | 사과 | ☐ |
| 7 | arm | 팔 | ☐ |
| 8 | aunt | 이모, 고모 | ☐ |
| 9 | baby | 아기 | ☐ |
| 10 | back | 뒤, 등; 뒤쪽의; 뒤로 | ☐ |
| 11 | bad | 나쁜 | ☐ |
| 12 | ball | 공 | ☐ |
| 13 | balloon | 풍선 | ☐ |
| 14 | basket | 바구니 | ☐ |
| 15 | bat | 박쥐 | ☐ |
| 16 | be | ~이다, (~에) 있다 | ☐ |
| 17 | bear | 곰 | ☐ |
| 18 | bed | 침대 | ☐ |
| 19 | bedroom | 침실 | ☐ |
| 20 | bee | 벌 | ☐ |
| 21 | bell | 종 | ☐ |
| 22 | big | 큰, 중요한 | ☐ |
| 23 | bird | 새 | ☐ |
| 24 | birthday | 생일 | ☐ |
| 25 | black | 검은색; 검은 | ☐ |
| 26 | blue | 파란색; 파란 | ☐ |
| 27 | boat | 배 | ☐ |
| 28 | body | 몸, 신체 | ☐ |
| 29 | book | 책 | ☐ |
| 30 | boot(s) | 부츠, 장화 | ☐ |
| 31 | boy | 소년 | ☐ |
| 32 | bread | 빵 | ☐ |
| 33 | brother | 남자형제(형, 남동생, 오빠) | ☐ |
| 34 | brown | 갈색; 갈색의 | ☐ |
| 35 | bug | 벌레, 곤충 | ☐ |
| 36 | busy | 바쁜 | ☐ |
| 37 | but | 그러나 | ☐ |
| 38 | button | 단추 | ☐ |
| 39 | buy | 사다 | ☐ |
| 40 | can | ~할 수 있다, ~해도 된다 | ☐ |
| 41 | candy | 사탕 | ☐ |
| 42 | cap | 모자 | ☐ |
| 43 | car | 자동차 | ☐ |
| 44 | carrot | 당근 | ☐ |
| 45 | cat | 고양이 | ☐ |
| 46 | chair | 의자 | ☐ |
| 47 | circle | 원 | ☐ |
| 48 | clean | 청소하다; 깨끗한 | ☐ |
| 49 | clock | 시계 | ☐ |
| 50 | close | 닫다; 가까운 | ☐ |
| 51 | cloud | 구름 | ☐ |
| 52 | cold | 추운, 차가운 | ☐ |

| | | | |
|---|---|---|---|
| 53 | color | 색깔 | ☐ |
| 54 | come | 오다 | ☐ |
| 55 | cook | 요리하다; 요리사 | ☐ |
| 56 | cookie | 쿠키, 과자 | ☐ |
| 57 | cool | 서늘한, 멋진 | ☐ |
| 58 | cow | 젖소, 소 | ☐ |
| 59 | crown | 왕관 | ☐ |
| 60 | cry | 울다, 외치다 | ☐ |
| 61 | cute | 귀여운 | ☐ |
| 62 | dad | 아빠 | ☐ |
| 63 | dance | 춤추다; 춤 | ☐ |
| 64 | day | 날, 하루, 낮 | ☐ |
| 65 | desk | 책상 | ☐ |
| 66 | dish | 접시 | ☐ |
| 67 | do | 하다 | ☐ |
| 68 | doctor | 의사, 박사 | ☐ |
| 69 | dog | 개 | ☐ |
| 70 | doll | 인형 | ☐ |
| 71 | dolphin | 돌고래 | ☐ |
| 72 | door | 문 | ☐ |
| 73 | down | 아래에, 아래로 | ☐ |
| 74 | drink | 마시다; 음료수 | ☐ |
| 75 | drive | 운전하다 | ☐ |
| 76 | duck | 오리 | ☐ |
| 77 | ear | 귀 | ☐ |
| 78 | earth | 지구 | ☐ |
| 79 | easy | 쉬운 | ☐ |
| 80 | egg | 달걀, 알 | ☐ |
| 81 | elephant | 코끼리 | ☐ |
| 82 | eraser | 지우개 | ☐ |

| | | | |
|---|---|---|---|
| 83 | eye | 눈 | ☐ |
| 84 | face | 얼굴 | ☐ |
| 85 | family | 가족 | ☐ |
| 86 | fan | 부채, 선풍기 | ☐ |
| 87 | fast | 빠른; 빨리 | ☐ |
| 88 | fat | 뚱뚱한; 지방 | ☐ |
| 89 | father | 아버지 | ☐ |
| 90 | finger | 손가락 | ☐ |
| 91 | finish | 마치다 | ☐ |
| 92 | fire | 불 | ☐ |
| 93 | fish | 물고기 | ☐ |
| 94 | flag | 깃발 | ☐ |
| 95 | flower | 꽃 | ☐ |
| 96 | fly | 날다; 파리 | ☐ |
| 97 | fog | 안개 | ☐ |
| 98 | food | 음식, 식품 | ☐ |
| 99 | foot | 발 | ☐ |
| 100 | fox | 여우 | ☐ |
| 101 | friend | 친구 | ☐ |
| 102 | frog | 개구리 | ☐ |
| 103 | front | 앞 | ☐ |
| 104 | ghost | 유령 | ☐ |
| 105 | girl | 소녀 | ☐ |
| 106 | go | 가다 | ☐ |
| 107 | gold | 금 | ☐ |
| 108 | good | 좋은 | ☐ |
| 109 | grape | 포도 | ☐ |
| 110 | green | 녹색; 녹색의 | ☐ |
| 111 | gray/grey | 회색; 회색의 | ☐ |
| 112 | hair | 머리카락, 털 | ☐ |

| | | | |
|---|---|---|---|
| 113 | hand | 손 | ☐ |
| 114 | handsome | 잘생긴 | ☐ |
| 115 | happy | 행복한 | ☐ |
| 116 | hat | 모자 | ☐ |
| 117 | have | 가지다 | ☐ |
| 118 | he | 그는 | ☐ |
| 119 | head | 머리 | ☐ |
| 120 | hello | 안녕하세요 | ☐ |
| 121 | help | 돕다; 도움 | ☐ |
| 122 | home | 집; 집의; 집에 | ☐ |
| 123 | honey | 꿀 | ☐ |
| 124 | horse | 말 | ☐ |
| 125 | hot | 뜨거운, 더운 | ☐ |
| 126 | house | 집 | ☐ |
| 127 | I | 나는 | ☐ |
| 128 | ice | 얼음 | ☐ |
| 129 | in | ~안에 | ☐ |
| 130 | it | 그것은, 그것을 | ☐ |
| 131 | key | 열쇠 | ☐ |
| 132 | kid | 아이, 어린이 | ☐ |
| 133 | king | 왕 | ☐ |
| 134 | kitchen | 부엌 | ☐ |
| 135 | knife | 칼 | ☐ |
| 136 | lake | 호수 | ☐ |
| 137 | leg | 다리 | ☐ |
| 138 | like | 좋아하다 | ☐ |
| 139 | lion | 사자 | ☐ |
| 140 | lip | 입술 | ☐ |
| 141 | long | 긴; 오래 | ☐ |
| 142 | little | 작은, 약간의 | ☐ |
| 143 | look | 보다 | ☐ |
| 144 | love | 사랑하다, 매우 좋아하다 | ☐ |
| 145 | make | 만들다 | ☐ |
| 146 | man | 남자, 사람 | ☐ |
| 147 | map | 지도 | ☐ |
| 148 | milk | 우유 | ☐ |
| 149 | mirror | 거울 | ☐ |
| 150 | money | 돈 | ☐ |
| 151 | monkey | 원숭이 | ☐ |
| 152 | moon | 달 | ☐ |
| 153 | mother | 어머니 | ☐ |
| 154 | mouse | 쥐 | ☐ |
| 155 | mouth | 입 | ☐ |
| 156 | music | 음악 | ☐ |
| 157 | name | 이름 | ☐ |
| 158 | neck | 목 | ☐ |
| 159 | no | 없다, 아니다 | ☐ |
| 160 | nose | 코, 후각 | ☐ |
| 161 | not | ~않다, 아니다 | ☐ |
| 162 | old | 나이든, 오래된, 낡은 | ☐ |
| 163 | on | ~위에 | ☐ |
| 164 | one | 하나 | ☐ |
| 165 | open | 열다 | ☐ |
| 166 | pants | 바지 | ☐ |
| 167 | park | 공원 | ☐ |
| 168 | pig | 돼지 | ☐ |
| 169 | pink | 분홍색; 분홍색의 | ☐ |
| 170 | play | 놀다, 연주하다, 경기하다 | ☐ |
| 171 | potato | 감자 | ☐ |
| 172 | puppy | 강아지 | ☐ |

| No. | Word | Meaning | Check |
|---|---|---|---|
| 173 | queen | 여왕 | ☐ |
| 174 | rabbit | 토끼 | ☐ |
| 175 | rain | 비; 비가 오다 | ☐ |
| 176 | rainbow | 무지개 | ☐ |
| 177 | red | 붉은색; 붉은 | ☐ |
| 178 | ring | 반지 | ☐ |
| 179 | river | 강 | ☐ |
| 180 | road | 도로, 길 | ☐ |
| 181 | rock | 바위 | ☐ |
| 182 | room | 방 | ☐ |
| 183 | run | 달리다 | ☐ |
| 184 | sad | 슬픈 | ☐ |
| 185 | say | 말하다 | ☐ |
| 186 | school | 학교 | ☐ |
| 187 | scissors | 가위 | ☐ |
| 188 | sea | 바다 | ☐ |
| 189 | see | 보다 | ☐ |
| 190 | she | 그녀는 | ☐ |
| 191 | shoe | 신발 | ☐ |
| 192 | short | 짧은, 키가 작은 | ☐ |
| 193 | shop | 가게 | ☐ |
| 194 | sing | 노래하다 | ☐ |
| 195 | sister | 여자형제(여동생, 언니, 누나) | ☐ |
| 196 | sit | 앉다 | ☐ |
| 197 | skirt | 치마 | ☐ |
| 198 | sky | 하늘 | ☐ |
| 199 | sleep | 자다 | ☐ |
| 200 | slow | 느린; 느리게 | ☐ |
| 201 | small | 작은, 소규모의 | ☐ |
| 202 | smart | 똑똑한 | ☐ |

| No. | Word | Meaning | Check |
|---|---|---|---|
| 203 | smell | 냄새; 냄새맡다 | ☐ |
| 204 | smile | 미소; 미소짓다 | ☐ |
| 205 | snow | 눈; 눈이 내리다 | ☐ |
| 206 | sock | 양말 | ☐ |
| 207 | son | 아들 | ☐ |
| 208 | song | 노래, 곡 | ☐ |
| 209 | spoon | 숟가락 | ☐ |
| 210 | stop | 멈추다, 중단하다 | ☐ |
| 211 | strawberry | 딸기 | ☐ |
| 212 | strong | 강한, 튼튼한, 힘센 | ☐ |
| 213 | student | 학생 | ☐ |
| 214 | study | 공부하다 | ☐ |
| 215 | sun | 태양, 해 | ☐ |
| 216 | swim | 수영하다 | ☐ |
| 217 | table | 탁자 | ☐ |
| 218 | tall | 키가 큰 | ☐ |
| 219 | they | 그들은, 그것들은 | ☐ |
| 220 | this | 이것; 이 | ☐ |
| 221 | tiger | 호랑이 | ☐ |
| 222 | time | 시간 | ☐ |
| 223 | today | 오늘 | ☐ |
| 224 | tooth | 이, 이빨 | ☐ |
| 225 | top | 위쪽의, 최고인; 꼭대기 | ☐ |
| 226 | tower | 탑, 타워 | ☐ |
| 227 | town | 마을, 도시 | ☐ |
| 228 | toy | 장난감 | ☐ |
| 229 | tree | 나무 | ☐ |
| 230 | umbrella | 우산 | ☐ |
| 231 | uncle | 삼촌, 아저씨 | ☐ |
| 232 | under | ~아래에 | ☐ |

| | | |
|---|---|---|
| 233 | up | ~위에; 위로 |
| 234 | very | 매우, 아주 |
| 235 | wash | 씻다, 세탁하다 |
| 236 | water | 물 |
| 237 | watermelon | 수박 |
| 238 | we | 우리는 |
| 239 | weather | 날씨 |
| 240 | wet | 젖은, 축축한 |
| 241 | white | 흰 색; 하얀 |
| 242 | wind | 바람, 풍력 |
| 243 | window | 창문, 창 |
| 244 | woman | 여성, 여자 |
| 245 | yellow | 노란색; 노란색의 |
| 246 | yes | 네 |
| 247 | you | 너는, 너희는, 너를, 너희를 |
| 248 | young | 젊은, 어린 |
| 249 | zebra | 얼룩말 |
| 250 | zoo | 동물원 |

No. 251 ~ 500 난이도★★

| | | |
|---|---|---|
| 251 | A.M./a.m. | 오전 |
| 252 | about | ~에 대하여 |
| 253 | afternoon | 오후 |
| 254 | age | 나이 |
| 255 | airplane | 비행기 |
| 256 | airport | 공항 |
| 257 | all | 모든; 모두 |
| 258 | angel | 천사 |
| 259 | animal | 동물 |
| 260 | answer | 대답하다; 대답 |
| 261 | art | 예술, 미술 |
| 262 | ask | 묻다, 요청하다 |
| 263 | bake | 굽다 |
| 264 | bank | 은행 |
| 265 | baseball | 야구 |
| 266 | basketball | 농구 |
| 267 | bath | 목욕 |
| 268 | bathroom | 욕실, 화장실 |
| 269 | beach | 해변, 바닷가 |
| 270 | bean | 콩 |
| 271 | because | ~때문에 |
| 272 | beef | 소고기 |
| 273 | before | ~전에; 이전에 |
| 274 | bell | 종 |
| 275 | bicycle | 자전거 |
| 276 | blood | 혈액, 피 |
| 277 | bone | 뼈 |
| 278 | bottle | 병 |
| 279 | brain | 뇌, 두뇌 |
| 280 | brave | 용감한 |
| 281 | breakfast | 아침 식사 |
| 282 | brush | 솔질[칫솔질]하다; 붓 |
| 283 | bubble | 거품, 기포 |
| 284 | cage | (동물) 우리 |
| 285 | call | 부르다, 전화하다 |
| 286 | captain | 선장, 우두머리 |
| 287 | cart | 수레 |
| 288 | castle | 성, 저택 |
| 289 | catch | 잡다 |

| | | | |
|---|---|---|---|
| 290 | change | 변화; 바꾸다 | ☐ |
| 291 | check | 확인하다, 점검하다 | ☐ |
| 292 | child | 아이, 아동 | ☐ |
| 293 | choose | 선택하다, 고르다 | ☐ |
| 294 | church | 교회 | ☐ |
| 295 | city | 도시 | ☐ |
| 296 | class | 수업, 강의 | ☐ |
| 297 | classroom | 교실 | ☐ |
| 298 | cloth | 천, 옷감 *cf.*) clothes 옷 | ☐ |
| 299 | cousin | 사촌, 친척 | ☐ |
| 300 | curtain | 커튼, 막 | ☐ |
| 301 | cut | 자르다 | ☐ |
| 302 | dark | 어두운 | ☐ |
| 303 | daughter | 딸 | ☐ |
| 304 | deep | 깊은; 깊이 | ☐ |
| 305 | desk | 책상 | ☐ |
| 306 | dinner | 저녁 식사 | ☐ |
| 307 | dirty | 더러운, 지저분한 | ☐ |
| 308 | east | 동쪽 | ☐ |
| 309 | end | 종료; 끝나다 | ☐ |
| 310 | enjoy | 즐기다, 누리다 | ☐ |
| 311 | evening | 저녁; 저녁의 | ☐ |
| 312 | every | 모든, ~마다 | ☐ |
| 313 | fall | 가을; 떨어지다 | ☐ |
| 314 | far | 먼; 멀리 | ☐ |
| 315 | farm | 농장 | ☐ |
| 316 | feel | 느끼다 | ☐ |
| 317 | fight | 싸우다; 싸움 | ☐ |
| 318 | find | 찾다 | ☐ |
| 319 | fine | 좋은 | ☐ |
| 320 | football | 축구, 미식축구 | ☐ |
| 321 | fresh | 신선한 | ☐ |
| 322 | fruit | 과일, 열매 | ☐ |
| 323 | full | 가득 찬, 배부른 | ☐ |
| 324 | fun | 재미있는, 즐거운 | ☐ |
| 325 | future | 미래 | ☐ |
| 326 | garden | 정원 | ☐ |
| 327 | gate | 정문 | ☐ |
| 328 | gentleman | 신사 | ☐ |
| 329 | get | 얻다, 받다 | ☐ |
| 330 | giant | 거대한; 거인 | ☐ |
| 331 | gift | 선물 | ☐ |
| 332 | give | 주다, 전하다 | ☐ |
| 333 | glass | 유리 *cf.*) glasses 안경 | ☐ |
| 334 | glove | 장갑(한 쪽) | ☐ |
| 335 | glue | 풀, 접착제; 붙이다 | ☐ |
| 336 | god | 신, 하느님 | ☐ |
| 337 | goodbye | 작별인사, 안녕 | ☐ |
| 338 | grandfather | 할아버지 | ☐ |
| 339 | grass | 풀, 잔디 | ☐ |
| 340 | great | 위대한, 큰 | ☐ |
| 341 | ground | 땅 | ☐ |
| 342 | group | 그룹, 단체 | ☐ |
| 343 | grow | 성장하다, 자라다 | ☐ |
| 344 | guy | 사람, 남자 | ☐ |
| 345 | heart | 심장, 마음 | ☐ |
| 346 | heaven | 천국, 하늘 | ☐ |
| 347 | heavy | 무거운 | ☐ |
| 348 | helicoper | 헬기 | ☐ |
| 349 | here | 여기에, 이곳에 | ☐ |

| | | |
|---|---|---|
| 350 | hero | 영웅, 주인공 |
| 351 | high | 높은; 높이 |
| 352 | hill | 언덕, 산 |
| 353 | holiday | 휴일, 명절 |
| 354 | homework | 숙제, 과제 |
| 355 | honey | 꿀 |
| 356 | hospital | 병원 |
| 357 | how | 어떻게, 얼마나 |
| 358 | human | 인간, 사람 |
| 359 | hundred | 100(백) |
| 360 | hungry | 배고픈 |
| 361 | hunt | 사냥하다 |
| 362 | husband | 남편 |
| 363 | idea | 생각, 아이디어 |
| 364 | jeans | 청바지 |
| 365 | joy | 기쁨, 즐거움 |
| 366 | kick | 차다 |
| 367 | kill | 죽이다 |
| 368 | kind | 친절한; 종류 |
| 369 | know | 알다 |
| 370 | lady | 여성, 부인 |
| 371 | land | 땅, 토지 |
| 372 | late | 늦은; 늦게 |
| 373 | left | 왼쪽; 왼쪽의 |
| 374 | lesson | 교훈, 수업 |
| 375 | letter | 편지, 글자 |
| 376 | library | 도서관 |
| 377 | light | 빛, 전등 |
| 378 | line | 선 |
| 379 | listen | (귀기울여) 듣다 |
| 380 | live | 살다 |
| 381 | living room | 거실 |
| 382 | low | 낮은 |
| 383 | lunch | 점심 식사 |
| 384 | mad | 화난, 미친 |
| 385 | mail | 우편, 메일 |
| 386 | many | 많은 |
| 387 | meat | 고기, 육류 |
| 388 | meet | 만나다 |
| 389 | mind | 마음, 생각 |
| 390 | miss | 놓치다, 그리워하다 |
| 391 | month | 달, 개월 |
| 392 | morning | 아침, 오전 |
| 393 | mountain | 산 |
| 394 | movie | 영화 |
| 395 | much | 많은; 매우, 정말 |
| 396 | museum | 박물관 |
| 397 | need | 필요하다 |
| 398 | new | 새로운 |
| 399 | newspaper | 신문 |
| 400 | next | 다음의 |
| 401 | nice | 멋진, 좋은 |
| 402 | night | 밤, 저녁 |
| 403 | north | 북쪽 |
| 404 | now | 지금, 이제 |
| 405 | number | 수, 숫자 |
| 406 | nurse | 간호사 |
| 407 | of | ~의 |
| 408 | oil | 석유, 기름 |
| 409 | or | 또는 |

| | | | |
|---|---|---|---|
| 410 | out | 밖에 | ☐ |
| 411 | P.M./p.m. | 오후 | ☐ |
| 412 | paint | 그리다, 칠하다 | ☐ |
| 413 | palace | 궁전, 왕실 | ☐ |
| 414 | paper | 종이 | ☐ |
| 415 | parent | 부모(한 쪽) | ☐ |
| 416 | pear | 배 | ☐ |
| 417 | pencil | 연필 | ☐ |
| 418 | people | 사람들 | ☐ |
| 419 | picnic | 소풍 | ☐ |
| 420 | picture | 사진, 그림 | ☐ |
| 421 | place | 장소 | ☐ |
| 422 | please | 제발, 부디 | ☐ |
| 423 | pocket | 주머니, 호주머니 | ☐ |
| 424 | police | 경찰 | ☐ |
| 425 | power | 힘 | ☐ |
| 426 | pretty | 예쁜 | ☐ |
| 427 | prince | 왕자 | ☐ |
| 428 | put | 놓다, 넣다 | ☐ |
| 429 | read | 읽다, 독서하다 | ☐ |
| 430 | ready | 준비된 | ☐ |
| 431 | restaurant | 식당 | ☐ |
| 432 | restroom | 화장실 | ☐ |
| 433 | right | 오른쪽; 오른쪽의; 권리 | ☐ |
| 434 | roof | 지붕, 옥상 | ☐ |
| 435 | salt | 소금 | ☐ |
| 436 | sand | 모래 | ☐ |
| 437 | ship | 배, 선박 | ☐ |
| 438 | size | 크기 | ☐ |
| 439 | soccer | 축구 | ☐ |

| | | | |
|---|---|---|---|
| 440 | soft | 부드러운 | ☐ |
| 441 | some | 일부, 몇몇 | ☐ |
| 442 | sorry | 미안한 | ☐ |
| 443 | south | 남쪽; 남쪽의 | ☐ |
| 444 | stand | 서다 | ☐ |
| 445 | start | 시작하다 | ☐ |
| 446 | stone | 돌 | ☐ |
| 447 | store | 가게 | ☐ |
| 448 | story | 이야기, 줄거리 | ☐ |
| 449 | street | 거리, 길 | ☐ |
| 450 | subway | 지하철 | ☐ |
| 451 | sugar | 설탕, 당분 | ☐ |
| 452 | tail | 꼬리 | ☐ |
| 453 | take | (시간이) 걸리다, 가져가다, 데려가다 | ☐ |
| 454 | talk | 말하다 | ☐ |
| 455 | taste | 맛보다 | ☐ |
| 456 | teach | 가르치다, 알려주다 | ☐ |
| 457 | telephone | 전화기 | ☐ |
| 458 | tell | 말하다, 이야기하다 | ☐ |
| 459 | test | 시험, 실험 | ☐ |
| 460 | thank | 감사하다 | ☐ |
| 461 | that | 저것은; 저 | ☐ |
| 462 | the | 그 | ☐ |
| 463 | there | 그곳에, 저기에 | ☐ |
| 464 | think | 생각하다 | ☐ |
| 465 | to | ~에, ~까지 | ☐ |
| 466 | tomorrow | 내일, 미래 | ☐ |
| 467 | too | 또한 | ☐ |
| 468 | touch | 만지다 | ☐ |
| 469 | triangle | 삼각형 | ☐ |

| | | | |
|---|---|---|---|
| 470 | true | 진짜의, 진정한 | ☐ |
| 471 | ugly | 추한, 보기 흉한 | ☐ |
| 472 | understand | 이해하다 | ☐ |
| 473 | use | 이용하다, 사용하다; 이용 | ☐ |
| 474 | vegetable | 채소 | ☐ |
| 475 | visit | 방문하다 | ☐ |
| 476 | wait | 기다리다 | ☐ |
| 477 | wake | 깨다 | ☐ |
| 478 | walk | 걷다 | ☐ |
| 479 | wall | 벽, 벽면 | ☐ |
| 480 | want | 원하다 | ☐ |
| 481 | watch | (집중해서) 보다; 손목 시계 | ☐ |
| 482 | wear | 입다, 착용하다 | ☐ |
| 483 | wedding | 결혼, 결혼식 | ☐ |
| 484 | week | 주, 일주일 | ☐ |
| 485 | weekend | 주말 | ☐ |
| 486 | west | 서쪽; 서쪽의 | ☐ |
| 487 | what | 무엇 | ☐ |
| 488 | when | 언제 | ☐ |
| 489 | where | 어디에 | ☐ |
| 490 | who | 누구 | ☐ |
| 491 | why | 왜 | ☐ |
| 492 | wife | 아내, 부인 | ☐ |
| 493 | will | ~할 것이다 | ☐ |
| 494 | win | 우승하다, 이기다 | ☐ |
| 495 | with | ~와 함께 | ☐ |
| 496 | woman | 여성, 여자 | ☐ |
| 497 | wood | 목재, 나무 | ☐ |
| 498 | work | 일하다 | ☐ |
| 499 | write | 쓰다, 적다 | ☐ |
| 500 | year | 년도, 해 | ☐ |

No. 501 ~ 670 난이도★★★

| | | | |
|---|---|---|---|
| 501 | act | 행동하다; 행동 | ☐ |
| 502 | afraid | 두려운, 염려하는 | ☐ |
| 503 | alone | 혼자, 홀로 | ☐ |
| 504 | along | ~을 따라서 | ☐ |
| 505 | anger | 분노, 화 | ☐ |
| 506 | another | 또 하나의, 다른 | ☐ |
| 507 | any | 어떤 | ☐ |
| 508 | area | 지역 | ☐ |
| 509 | around | 주변에, 주위에 | ☐ |
| 510 | arrive | 도착하다 | ☐ |
| 511 | at | (장소 · 시간) ~에 | ☐ |
| 512 | away | 멀리 떨어져 | ☐ |
| 513 | band | 악단 | ☐ |
| 514 | battery | 건전지 | ☐ |
| 515 | beauty | 아름다움, 미인 | ☐ |
| 516 | become | ~이 되다 | ☐ |
| 517 | begin | 시작하다 | ☐ |
| 518 | behind | ~뒤에 | ☐ |
| 519 | believe | 믿다, 생각하다 | ☐ |
| 520 | below | 아래에 | ☐ |
| 521 | beside | 곁에 | ☐ |
| 522 | between | ~사이에 | ☐ |
| 523 | bomb | 폭탄 | ☐ |
| 524 | boss | 사장, 상사 | ☐ |
| 525 | both | 둘 다; 양쪽의 | ☐ |
| 526 | bottom | 바닥, 아래 | ☐ |

| | | | |
|---|---|---|---|
| 527 | bowl | (오목한) 그릇 | ☐ |
| 528 | brake | 브레이크, 제동 (장치) | ☐ |
| 529 | branch | 나뭇가지 | ☐ |
| 530 | brand | 브랜드, 상표 | ☐ |
| 531 | break | 깨뜨리다; 휴식 | ☐ |
| 532 | bridge | 다리 | ☐ |
| 533 | bright | 밝은, 영리한 | ☐ |
| 534 | bring | 가져오다 | ☐ |
| 535 | build | 짓다, 만들다 | ☐ |
| 536 | burn | 타다 | ☐ |
| 537 | care | 보살피다, 마음 쓰다 | ☐ |
| 538 | carry | 나르다, 가지고 다니다 | ☐ |
| 539 | cash | 현금, 돈 | ☐ |
| 540 | cheap | 싼, 저렴한 | ☐ |
| 541 | cinema | 영화관, 영화 | ☐ |
| 542 | clever | 똑똑한, 영리한 | ☐ |
| 543 | climb | 오르다, 등산하다 | ☐ |
| 544 | club | 동아리 | ☐ |
| 545 | coin | 동전 | ☐ |
| 546 | comedy | 코메디, 희극 | ☐ |
| 547 | concert | 콘서트, 공연 | ☐ |
| 548 | contest | 대회 | ☐ |
| 549 | corner | 구석, 모퉁이 | ☐ |
| 550 | could | ~할 수 있었다 *cf.)* could I ~? ~해도 될까요? / could you ~? ~해 주시겠어요? | ☐ |
| 551 | country | 나라, 국가 | ☐ |
| 552 | couple | 부부, 커플 | ☐ |
| 553 | crazy | 미친 | ☐ |
| 554 | cross | 건너다 | ☐ |
| 555 | culture | 문화 | ☐ |

| | | | |
|---|---|---|---|
| 556 | curious | 호기심이 있는, 궁금한 | ☐ |
| 557 | date | 날짜, 데이트 | ☐ |
| 558 | dead | 죽은 | ☐ |
| 559 | death | 죽음, 사망 | ☐ |
| 560 | decide | 결정하다 | ☐ |
| 561 | delicious | 맛있는 | ☐ |
| 562 | dentist | 치과의사 | ☐ |
| 563 | diary | 일기 | ☐ |
| 564 | die | 죽다, 사망하다 | ☐ |
| 565 | draw | 그리다, 끌어당기다 | ☐ |
| 566 | dream | 꿈꾸다; 꿈 | ☐ |
| 567 | dry | 마른, 건조한; 말리다 | ☐ |
| 568 | early | 이른; 일찍 | ☐ |
| 569 | enter | 들어가다 | ☐ |
| 570 | exam | 시험 | ☐ |
| 571 | fact | 사실 | ☐ |
| 572 | famous | 유명한 | ☐ |
| 573 | favorite | 좋아하는 | ☐ |
| 574 | field | 들판, 현장 | ☐ |
| 575 | file | 파일 | ☐ |
| 576 | fill | 채우다 | ☐ |
| 577 | fix | 고치다, 고정하다 | ☐ |
| 578 | floor | 바닥, 층 | ☐ |
| 579 | fool | 바보 | ☐ |
| 580 | for | ~을 위해서, ~ 동안 | ☐ |
| 581 | forest | 숲 | ☐ |
| 582 | form | 형성하다; 형태 | ☐ |
| 583 | free | 자유로운, 무료의 | ☐ |
| 584 | from | ~로부터, ~출신의 | ☐ |
| 585 | fry | 튀기다 | ☐ |

| | | | |
|---|---|---|---|
| 586 | giraffe | 기린 | ☐ |
| 587 | glad | 기쁜 | ☐ |
| 588 | goal | 목표, 골 | ☐ |
| 589 | guide | 안내하다; 안내 | ☐ |
| 590 | hard | 어려운, 단단한; 열심히 | ☐ |
| 591 | hate | 싫어하다 | ☐ |
| 592 | headache | 두통 | ☐ |
| 593 | heat | 열; 가열하다 | ☐ |
| 594 | history | 역사 | ☐ |
| 595 | hit | 치다, 맞히다; 타격 | ☐ |
| 596 | hobby | 취미 | ☐ |
| 597 | hope | 희망하다, 바라다 | ☐ |
| 598 | hour | 시간 | ☐ |
| 599 | hurry | 서두르다 | ☐ |
| 600 | if | 만약 ~라면 | ☐ |
| 601 | important | 중요한 | ☐ |
| 602 | inside | 내부, 안쪽; 내부의 | ☐ |
| 603 | into | ~안으로 | ☐ |
| 604 | job | 직무, 일 | ☐ |
| 605 | join | 참여하다, 가입하다 | ☐ |
| 606 | last | 지난, 마지막의 | ☐ |
| 607 | lazy | 게으른 | ☐ |
| 608 | leaf | 나뭇잎 | ☐ |
| 609 | learn | 배우다 | ☐ |
| 610 | marry | 결혼하다 | ☐ |
| 611 | may | ~해도 된다, ~일지도 모른다 *cf.*) may I ~? ~해도 될까요? | ☐ |
| 612 | memory | 기억 | ☐ |
| 613 | must | ~해야 한다 | ☐ |
| 614 | nature | 자연 | ☐ |
| 615 | noon | 정오 | ☐ |
| 616 | note | 메모, 쪽지 | ☐ |
| 617 | off | 떨어져 | ☐ |
| 618 | only | 유일한; 오직 | ☐ |
| 619 | over | ~이상 | ☐ |
| 620 | part | 부분, 일부 | ☐ |
| 621 | pass | 지나가다, 통과하다 | ☐ |
| 622 | pay | 지불하다 | ☐ |
| 623 | peace | 평화 | ☐ |
| 624 | pick | 선택하다, 고르다, 꺾다, 따다 | ☐ |
| 625 | plan | 계획하다; 계획 | ☐ |
| 626 | point | 가리키다; 요점 | ☐ |
| 627 | poor | 가난한 | ☐ |
| 628 | print | 인쇄하다 | ☐ |
| 629 | prize | 상, 상금 | ☐ |
| 630 | problem | 문제 | ☐ |
| 631 | push | 밀다 | ☐ |
| 632 | puzzle | 퍼즐, 수수께끼 | ☐ |
| 633 | question | 질문, 문제 | ☐ |
| 634 | quick | 빠른; 빨리 | ☐ |
| 635 | quiet | 조용한 | ☐ |
| 636 | race | 경주; 경주하다 | ☐ |
| 637 | remember | 기억하다 | ☐ |
| 638 | rich | 부유한, 부자의 | ☐ |
| 639 | sale | 판매, 할인판매 | ☐ |
| 640 | science | 과학 | ☐ |
| 641 | score | 득점하다; 점수 | ☐ |
| 642 | season | 계절 | ☐ |
| 643 | sell | 팔다 | ☐ |
| 644 | send | 보내다, 전하다 | ☐ |

| | | | |
|---|---|---|---|
| 645 | shock | 충격을 주다; 충격 | ☐ |
| 646 | should | ~해야 한다 | ☐ |
| 647 | show | 보여주다 | ☐ |
| 648 | shy | 수줍은, 부끄러운 | ☐ |
| 649 | sick | 아픈, 병든 | ☐ |
| 650 | side | 측면, 면 | ☐ |
| 651 | skin | 피부, 껍질 | ☐ |
| 652 | space | 공간, 우주 | ☐ |
| 653 | speak | 말하다 | ☐ |
| 654 | speed | 속도 | ☐ |
| 655 | stress | 스트레스, 긴장; 강조하다 | ☐ |
| 656 | tape | 테이프; 테이프를 붙이다 | ☐ |
| 657 | try | 노력하다, 시도하다 | ☐ |
| 658 | voice | 목소리, 음성 | ☐ |
| 659 | war | 전쟁 | ☐ |
| 660 | warm | 따뜻한 | ☐ |
| 661 | way | 길, 방법, 방식 | ☐ |
| 662 | weight | 무게, 체중 | ☐ |
| 663 | welcome | 환영하다 | ☐ |
| 664 | well | 잘 | ☐ |
| 665 | wish | 바라다; 소원 | ☐ |
| 666 | word | 단어, 말 | ☐ |
| 667 | world | 세계, 세상 | ☐ |
| 668 | worry | 걱정하다 | ☐ |
| 669 | wrong | 잘못된, 틀린 | ☐ |
| 670 | yesterday | 어제 | ☐ |

No. 671 ~ 800 난이도★★★★

| | | | |
|---|---|---|---|
| 671 | above | ~위에 | ☐ |
| 672 | academy | 학원 | ☐ |
| 673 | accent | 억양 | ☐ |
| 674 | accident | 사고 | ☐ |
| 675 | across | 가로질러서 | ☐ |
| 676 | add | 더하다, 추가하다 | ☐ |
| 677 | address | 주소 | ☐ |
| 678 | adult | 성인, 어른 | ☐ |
| 679 | adventure | 모험 | ☐ |
| 680 | advise | 조언하다 | ☐ |
| 681 | again | 다시, 또 | ☐ |
| 682 | against | 반대로 | ☐ |
| 683 | ago | ~전에 | ☐ |
| 684 | agree | 동의하다, 합의하다 | ☐ |
| 685 | ahead | 미리 | ☐ |
| 686 | airline | 항공사 | ☐ |
| 687 | almost | 거의, 대부분 | ☐ |
| 688 | aloud | 큰 목소리로 | ☐ |
| 689 | already | 이미, 벌써 | ☐ |
| 690 | alright | 괜찮아, 좋아 | ☐ |
| 691 | also | 또한, 역시 | ☐ |
| 692 | always | 항상, 늘 | ☐ |
| 693 | as | ~처럼, ~로서 | ☐ |
| 694 | background | 배경 | ☐ |
| 695 | base | 기반, 기초 | ☐ |
| 696 | basic | 기본적인, 기초적인 | ☐ |
| 697 | battle | 전투, 싸움 | ☐ |
| 698 | bill | 영수증, 지폐 | ☐ |
| 699 | birth | 탄생, 출생 | ☐ |
| 700 | bite | 물다; 한 입 | ☐ |
| 701 | block | 차단; 막다 | ☐ |

| | | |
|---|---|---|
| 702 | board | 게시판 |
| 703 | borrow | 빌리다 |
| 704 | business | 사업 |
| 705 | by | ~에 의해, (교통수단) ~로 |
| 706 | calendar | 달력 |
| 707 | calm | 차분한 |
| 708 | case | 경우 |
| 709 | certain | 특정한, 어떤 |
| 710 | chain | 사슬, 체인점 |
| 711 | chance | 기회 |
| 712 | clear | 분명한 |
| 713 | clerk | 직원, 점원 |
| 714 | clip | 동영상, 클립 |
| 715 | collect | 수집하다 |
| 716 | college | 대학 |
| 717 | company | 회사 |
| 718 | condition | 조건, 상태 |
| 719 | congratulate | 축하하다 |
| 720 | control | 조절하다 |
| 721 | copy | 복사하다; 사본 |
| 722 | cost | 비용이 들다; 비용 |
| 723 | cotton | 면, 목화 |
| 724 | countryside | 시골, 지방 |
| 725 | cover | 덮다 |
| 726 | crowd | 붐비다; 군중 |
| 727 | customer | 고객 |
| 728 | cycle | 주기 |
| 729 | danger | 위험 |
| 730 | design | 설계하다; 디자인 |
| 731 | dialogue | 대화 |

| | | |
|---|---|---|
| 732 | different | 다른, 여러가지의 |
| 733 | difficult | 어려운, 힘든 |
| 734 | discuss | 논의하다 |
| 735 | divide | 나누다 |
| 736 | double | 두 배의 |
| 737 | drop | 떨어지다 |
| 738 | during | ~동안 |
| 739 | elementary | 초등의 |
| 740 | engine | 엔진 (기관) |
| 741 | engineer | 기술자, 공학자 |
| 742 | enough | 충분한; 충분히 |
| 743 | error | 오류 |
| 744 | example | 예시, 본보기 |
| 745 | exercise | 운동하다; 운동 |
| 746 | exit | 나가다; 출구 |
| 747 | factory | 공장, 회사 |
| 748 | fail | 실패하다 |
| 749 | fantastic | 환상적인, 멋진 |
| 750 | fever | 열, 고열 |
| 751 | focus | 집중하다 |
| 752 | forever | 영원히 |
| 753 | forget | 잊다 |
| 754 | gesture | 몸짓 |
| 755 | guess | ~라고 생각하다, 추측하다 |
| 756 | habit | 습관 |
| 757 | hang | 걸다, 매달다 |
| 758 | hold | 잡다 |
| 759 | honest | 솔직한, 정직한 |
| 760 | however | 그러나, 하지만 |
| 761 | humor | 유머 |

| | | | |
|---|---|---|---|
| 762 | introduce | 소개하다 | ☐ |
| 763 | invite | 초대하다 | ☐ |
| 764 | just | 단지 | ☐ |
| 765 | keep | 유지하다, 계속하다 | ☐ |
| 766 | large | 큰, 대규모의 | ☐ |
| 767 | lie | 거짓말하다, 눕다; 거짓말 | ☐ |
| 768 | mathematics | 수학(= math) | ☐ |
| 769 | middle | 중간의 | ☐ |
| 770 | might | ~일지도 모른다 | ☐ |
| 771 | move | 움직이다, 이동하다 | ☐ |
| 772 | nation | 국가, 나라 | ☐ |
| 773 | near | 가까운; 가까이 | ☐ |
| 774 | never | 결코[절대] ~않다 | ☐ |
| 775 | nothing | 아무것도 없음 | ☐ |
| 776 | ocean | 바다, 대양 | ☐ |
| 777 | office | 사무소, 회사 | ☐ |
| 778 | often | 종종, 자주 | ☐ |
| 779 | present | 현재, 선물 | ☐ |
| 780 | return | 돌아오다 | ☐ |
| 781 | safe | 안전한 | ☐ |
| 782 | same | 같은 | ☐ |
| 783 | save | 구하다, 절약하다 | ☐ |
| 784 | so | 그래서 | ☐ |
| 785 | sour | 신맛이 나는 | ☐ |
| 786 | stay | 머무르다, 유지하다 | ☐ |
| 787 | supper | 저녁 식사 | ☐ |
| 788 | teen | 십 대의, 청소년의 | ☐ |
| 789 | textbook | 교과서 | ☐ |
| 790 | than | ~보다 | ☐ |
| 791 | thing | 것, 일 | ☐ |

| | | | |
|---|---|---|---|
| 792 | thirst | 목마름, 갈증<br>*cf.*) thirsty 목마른 | ☐ |
| 793 | tonight | 오늘밤 | ☐ |
| 794 | tour | 관광 | ☐ |
| 795 | train | 훈련하다; 기차 | ☐ |
| 796 | travel | 여행하다; 여행 | ☐ |
| 797 | trip | 여행 | ☐ |
| 798 | turn | 돌리다 | ☐ |
| 799 | twice | 두 번, 두 배 | ☐ |
| 800 | type | 유형, 종류 | ☐ |

MEMO

CHAPTER

# 1

# 문장의 구성

DAY 01

# 1. 단어와 문장

단어는 뜻을 가진 가장 작은 단위입니다. ▶ 단순히 알파벳을 모아놓았다고 해서 단어가 되는 건 아닙니다.

문장은 단어들이 모여 '~가 …하다[이다]'의 의미를 나타내는 것을 가리킵니다.

▶ '~가 …하다[이다]'가 기본이 되며, 의문문인지, 감탄문인지, 명령문인지 등에 따라 조금씩 바뀝니다.

| 단어 | | 문장 |
|---|---|---|
| • **baby** 아기 | • **good** 좋은 | • **I have a cat.** 나는 고양이 한 마리를 가지고 있다. |
| • **always** 항상 | • **in** ~안에 | • **The room is clean.** 그 방은 깨끗하다. |

문장을 쓰는 데는 다음과 같은 규칙이 있습니다.

- 문장의 첫 글자는 항상 대문자로 시작하며, 각 단어는 띄어 씁니다. ▶ 단, '나는'을 의미하는 'I'는 항상 대문자로 씁니다.
- 문장의 끝에는 문장 부호를 붙이며, 내용에 따라 마침표(.), 물음표(?), 느낌표(!)가 사용됩니다.

**The teacher is very kind.** 그 선생님은 매우 친절하다. ▶ 모든 단어 띄어쓰기

문장의 첫 글자 : 대문자 / 문장의 끝 : 문장부호

정답 및 해설 p. 02

**A** 다음 주어진 표현 중 단어에는 ○를, 문장에는 △를 표시하세요.

| | | |
|---|---|---|
| **dad** 아빠 | **age** 나이 | **It is really long!** 그것은 정말 길구나! |
| **I am an engineer.** 나는 공학자이다. | | **Are you sad?** 너는 슬프니? |

**B** 다음 문장이 맞게 쓰인 문장이면 괄호 안에 ○를, 잘못 쓰인 문장이면 ×를 쓰세요.

1. **Are you a student** 너는 학생이니? (　　　)
2. **She has a bigball.** 그녀는 큰 공을 하나 가지고 있다. (　　　)
3. **I eat a hamburger.** 나는 햄버거를 먹는다. (　　　)
4. **The coffee is hot!** 그 커피는 뜨거워! (　　　)
5. **She is Tall.** 그녀는 키가 크다. (　　　)

# 2. 문장의 구성 요소

문장을 구성하는 가장 기본이 되는 요소에는 주어와 동사가 있습니다.
여기에 목적어나 보어가 추가되어 문장을 이루게 됩니다.

| | |
|---|---|
| 주어 | 동사의 주체가 되는 말 ▶ '누가, 무엇이'에 해당합니다. |
| 동사 | 주어의 동작이나 상태를 나타내는 말 ▶ '~한다, ~이다'의 의미를 나타냅니다. |
| 목적어 | 동사의 동작의 대상이 되는 말 ▶ '~를'의 의미를 나타냅니다. |
| 보어 | 주어나 목적어를 설명하는 말 |

- A bird flies. 새 한 마리가 날아간다.
  (A bird: 주어 / flies: 동사)
- You are kind. 너는 친절하다.
  (You: 주어 / are: 동사 / kind: 보어 (주어 설명))
- Mike plays the piano. Mike는 피아노를 연주한다.
  (Mike: 주어 / plays: 동사 / the piano: 목적어)
- We call him Joe. 우리는 그를 Joe라고 부른다.
  (We: 주어 / call: 동사 / him: 목적어 / Joe: 보어 (목적어 설명))

## Quiz

정답 및 해설 p. 02

다음 문장에서 밑줄 친 부분에 해당하는 것에 ○하세요.

1. She is angry. 그녀는 화가 났다. ( 주어 / 동사 / 목적어 / 보어 )
2. You are a good cook. 너는 훌륭한 요리사이다. ( 주어 / 동사 / 목적어 / 보어 )
3. She likes summer. 그녀는 여름을 좋아한다. ( 주어 / 동사 / 목적어 / 보어 )
4. I read a book. 나는 책을 한 권 읽는다. ( 주어 / 동사 / 목적어 / 보어 )
5. We call him Tony. 우리는 그를 Tony라고 부른다. ( 주어 / 동사 / 목적어 / 보어 )
6. The flower is beautiful. 그 꽃은 아름답다. ( 주어 / 동사 / 목적어 / 보어 )
7. The moon is bright. 달이 밝다. ( 주어 / 동사 / 목적어 / 보어 )

DAY 01

# Build Up

**A** 다음 제시된 표현에 해당하는 것을 골라 네모 안에 ✓표 하세요.

1. book 책 — 단어 ☐ | 문장 ☐
2. I am a doctor. 나는 의사이다. — 단어 ☐ | 문장 ☐
3. key 열쇠 — 단어 ☐ | 문장 ☐
4. The bear is hungry. 그 곰은 배가 고프다. — 단어 ☐ | 문장 ☐
5. It is so fast! 그것은 매우 빠르다! — 단어 ☐ | 문장 ☐

**B** 다음 문장에서 틀린 부분을 바르게 고쳐 문장을 다시 쓰세요.

1. I am a student
   나는 학생이다.
2. Jake and i like juice.
   Jake와 나는 주스를 좋아한다.
3. How old are you.
   너는 몇 살이니?
4. they are kind.
   그들은 친절하다.
5. The caris fast.
   그 자동차는 빠르다.

정답 및 해설 p. 02

## C 다음 문장에서 주어진 구성 요소를 찾아 쓰세요.

- I have oranges.
  나는 오렌지를 가지고 있다.　　목적어 → oranges

1. My cap is blue.
   나의 모자는 파란색이다.　　보어 → ______
2. Joe likes a cat.
   Joe는 고양이를 좋아한다.　　주어 → ______
3. We call her Anna.
   우리는 그녀를 Anna라고 부른다.　　보어 → ______
4. I drink water.
   나는 물을 마신다.　　목적어 → ______
5. Sally and I love dogs.
   Sally와 나는 강아지를 좋아한다.　　동사 → ______
6. I have a sister.
   나는 여동생이 한 명 있다.　　주어 → ______
7. The bag is brown.
   그 가방은 갈색이다.　　동사 → ______
8. The book is fun.
   그 책은 재미있다.　　동사 → ______
9. They are friends.
   그들은 친구이다.　　보어 → ______
10. The dog is small.
    그 개는 작다.　　보어 → ______

# 3. 품사

문장을 만드는 데 사용되는 단어는 성격에 따라 8개의 종류로 나눌 수 있습니다.

| | |
| --- | --- |
| 명사 | 사람이나 사물의 이름을 나타내는 단어<br>• boy 소년, market 시장, Kevin 케빈(이름), Korea 한국, love 사랑 |
| 대명사 | 명사를 대신하는 단어<br>• I 나, he 그, this 이것, that 저것 |
| 동사 | 사람이나 사물의 동작이나 상태를 나타내는 단어 ◉ '~하다, ~이다'로 해석됩니다.<br>• go 가다, run 달리다, am / are / is ~이다, love 사랑하다 |
| 형용사 | 사람이나 사물의 성질이나 상태를 나타내는 단어 ◉ '~한, ~인'으로 해석되며, 명사나 대명사를 꾸며줍니다.<br>• good 좋은, kind 친절한, pretty 예쁜, handsome 잘생긴 |
| 부사 | 동사, 형용사, 다른 부사와 함께 쓰여 그 뜻을 분명하게 하는 단어 ◉ 보통 '동사, 형용사, 다른 부사를 꾸며준다'라고 합니다.<br>• well 잘, very 매우, fast 빨리, early 일찍 |
| 전치사 | 명사나 대명사 앞에 놓여 장소[위치], 시간, 방향을 나타내는 단어<br>• at ~에, in ~안에, of ~의, with ~와 함께 |
| 접속사 | 단어와 단어, 문장과 문장을 이어주는 단어<br>• and 그리고, but 그러나, or 또는, because 왜냐하면 |
| 감탄사 | 놀람, 느낌, 감동, 응답 등을 나타내는 단어<br>• oh 오!, ouch 아야!, hi 안녕!, wow 와! |

하나의 단어가 반드시 하나의 품사로만 쓰이는 것은 아닙니다. 대부분의 경우, 두 개 이상의 품사로 쓰입니다.

• Kevin is fast. Kevin은 빠르다. (fast: 형용사(빠른))

• Kevin runs fast. Kevin은 빨리 달린다. (fast: 부사(빨리))

정답 및 해설 p. 02

**A** 다음 각 품사에 해당하는 단어를 찾아 쓰세요.

| school | they | well | for |
| --- | --- | --- | --- |
| run | brave | ouch | and |

1. 명사 → ____________

2. 대명사 → ____________

3. 동사 → ______________
4. 형용사 → ______________
5. 부사 → ______________
6. 전치사 → ______________
7. 접속사 → ______________
8. 감탄사 → ______________

**B** 다음 문장에서 명사를 찾아 쓰세요.

1. I am a girl. → ______________
   나는 소녀이다.
2. They go to school. → ______________
   그들은 학교에 간다.
3. He is in the room. → ______________
   그는 방에 있다.
4. I have a cute cat. → ______________
   나는 귀여운 고양이 한 마리를 가지고 있다.
5. He likes music. → ______________
   그는 음악을 좋아한다.
6. This is a table. → ______________
   이것은 탁자이다.
7. I play the violin. → ______________
   나는 바이올린을 연주한다.
8. Mark is handsome. → ______________
   Mark는 잘생겼다.
9. It is a book. → ______________
   그것은 책이다.
10. That is an umbrella. → ______________
    저것은 우산이다.

DAY 02

# Build Up

**A** 다음 문장에서 동사를 찾아 쓰세요.

1. He is very tall. → ______
   그는 키가 매우 크다.

2. You walk fast. → ______
   너는 빨리 걷는다.

3. They are big. → ______
   그것들은 크다.

4. He is a good teacher. → ______
   그는 훌륭한 선생님이다.

5. Kevin plays soccer well. → ______
   Kevin은 축구를 잘한다.

6. I make a doll. → ______
   나는 인형을 하나 만든다.

7. I am in the kitchen. → ______
   나는 부엌에 있다.

8. You jump high. → ______
   너는 높이 뛴다.

9. They go to the library. → ______
   그들은 도서관에 간다.

10. You are very kind. → ______
    너는 매우 친절하다.

정답 및 해설 p. 02

## B 다음 문장에서 주어진 품사에 해당하는 단어를 찾아 쓰세요.

- They know him. 동사 → know
  그들은 그를 안다.

1. I play tennis with Peter. 전치사 → ________
   나는 Peter와 테니스를 친다.

2. A pen is on the table. 전치사 → ________
   펜 한 자루가 탁자 위에 있다.

3. We are very happy. 부사 → ________
   우리는 매우 행복하다.

4. She has small bags. 형용사 → ________
   그녀는 작은 가방들을 가지고 있다.

5. That is a bear. 대명사 → ________
   저것은 곰이다.

6. Oh, thank you! 감탄사 → ________
   오, 고마워!

7. I go to the park. 명사 → ________
   나는 공원에 간다.

8. I have a green cap. 동사 → ________
   나는 초록색 모자를 가지고 있다.

9. It is big but fast. 접속사 → ________
   그것은 크지만 빠르다.

10. You and I are friends. 접속사 → ________
    너와 나는 친구이다.

# Review Test

[1-3] 다음 괄호 안에서 알맞은 말을 고르세요.

1 Is it a cap? (단어 / 문장 / 둘 다 아님)

2 air (단어 / 문장 / 둘 다 아님)

3 stu (단어 / 문장 / 둘 다 아님)

[4-5] 다음 중 잘못 쓰인 문장을 고르세요.

4 ① Is he a teacher?
② I am short.
③ we are friends.
④ She likes an apple.

5 ① He and i are friends.
② The book is fun.
③ I have a camera.
④ Look at this!

[6-7] 다음 중 품사가 같은 단어끼리 짝지어진 것을 고르세요.

6 ① like – go
② she – dog
③ boy – nice
④ tree – very

7 ① wow – and
② wise – kind
③ at – or
④ run – in

[8-10] 다음 밑줄 친 부분의 품사가 나머지 셋과 다른 것을 고르세요.

8 ① I am a student.
② We play soccer.
③ It is a notebook.
④ Dora is pretty.

9 ① He is nice.
② The car is big.
③ He dances well.
④ You are short.

10 ① We are in the room.
② A cup is on the table.
③ She is tall and pretty.
④ We have dinner at 7.

정답 및 해설 p. 02

[11-13] 다음 우리말과 뜻이 같도록 괄호 안에서 알맞은 말을 고르세요.

11 우리는 책을 읽는다.

→ We ( read / this ) books.

12 나는 Julia와 함께 춤을 춘다.

→ I dance ( so / with ) Julia.

13 이것은 슬픈 이야기이다.

→ ( This / Good ) is a sad story.

14 다음 문장에서 동사를 찾아 빈칸에 쓰세요.

Jane sings well.

→ ____________

15 다음 문장에서 목적어를 찾아 빈칸에 쓰세요.

They like music.

→ ____________

16 다음 문장에서 보어를 찾아 빈칸에 쓰세요.

The boys are students.

→ ____________

[17-18] 다음 문장에서 잘못된 부분을 찾아 바르게 고쳐 전체 문장을 다시 쓰세요.

17 we are friends.

→ ____________

18 She likes acat.

→ ____________

**중학교 시험에는 이렇게!**

| 서울 ○○중 응용 |

19 다음 중 밑줄 친 부분이 동사가 아닌 것을 고르세요.

① He loves dogs.
② We live in Korea.
③ You are handsome.
④ The bear is big.
⑤ Red hats are on the table.

| 인천 ○○중 응용 |

20 다음 중 밑줄 친 부분이 목적어가 아닌 것을 고르세요.

① I have a bag.
② He is a teacher.
③ She likes oranges.
④ They study math.
⑤ They know the books.

# Word Review

다음은 **Chapter 1**에 사용된 주요 단어입니다.
소리 내어 읽으면서 써보세요.

| | 단어 | 뜻 | 쓰기 |
|---|---|---|---|
| 1 | really | 정말로 | |
| 2 | long | 긴 | |
| 3 | engineer | 공학자 | |
| 4 | hungry | 배고픈 | |
| 5 | fast | 빠른; 빨리 | |
| 6 | brown | 갈색; 갈색의 | |
| 7 | handsome | 잘생긴 | |
| 8 | play | 연주하다, 경기하다, 놀다 | |
| 9 | soccer | 축구 | |
| 10 | doll | 인형 | |
| 11 | library | 도서관 | |
| 12 | notebook | 공책 | |
| 13 | pretty | 예쁜 | |

| | 단어 | 뜻 | 쓰기 |
|---|---|---|---|
| 14 | well | 잘 | |
| 15 | camera | 카메라 | |
| 16 | dinner | 저녁 식사 | |
| 17 | call | 부르다, 전화하다 | |
| 18 | teacher | 선생님 | |
| 19 | high | 높은; 높이 | |
| 20 | short | 짧은, 키가 작은 | |
| 21 | math | 수학 | |
| 22 | summer | 여름 | |
| 23 | hat | 모자 | |
| 24 | beautiful | 아름다운 | |
| 25 | angry | 화가 난 | |

☆ **Word Review**에서 학습한 25개 단어는 워크북 09쪽에서 테스트해 볼 수 있습니다.

# 명사(1)

DAY 04

# 1. 명사

명사는 사물, 사람, 동물, 장소의 이름을 나타내는 단어입니다.

책상 꽃 자동차 아기 소년 의사 사자 호랑이 새 공원 학교 시장

desk, flower, car, baby, boy, doctor, lion, tiger, bird, park, school, market 등

사물 사람 동물 장소

명사에는 셀 수 있는 명사와 셀 수 없는 명사가 있습니다.

- 셀 수 있는 명사가 '하나'일 때는 '단수'로 쓰고, '두 개 이상'일 때는 '복수'로 씁니다.
- 단수 명사 앞에는 '하나'를 뜻하는 a나 an을 붙입니다. 대부분 a를 쓰고, 모음으로 시작하는 단어 앞에는 an을 씁니다. ◎ 영어의 소리에는 자음과 모음이 있으며, 모음(a, e, i, o, u)을 제외한 나머지는 자음입니다.

| 단수 | | 복수 | |
|---|---|---|---|
| • a pen 펜 하나 | • an apple 사과 하나 | • pens | • apples |
| • a teacher 선생님 한 분 | • an igloo 이글루 한 채 | • teachers | • igloos |

정답 및 해설 p. 03

다음 문장에서 명사를 모두 찾아 ○하세요.

1. I have a computer. 나는 컴퓨터를 한 대 가지고 있다.

2. She wants two tomatoes. 그녀는 토마토 두 개를 원한다.

3. They have a car. 그들은 자동차 한 대를 가지고 있다.

4. We have three birds. 우리는 새 세 마리를 가지고 있다.

5. A cup is on the table. 컵 하나가 탁자 위에 있다.

6. Lions have four legs. 사자는 다리가 네 개다.

7. Strawberries are red. 딸기는 빨간색이다.

# 2. 셀 수 있는 명사의 복수형 (1) - 규칙 변화

명사의 복수형은 보통 끝에 -s나 -es를 붙입니다.

| 대부분의 명사 | + s | • desk 책상 → desks • house 집 → houses |
|---|---|---|
| -sh, -ch, -s, -x 로 끝나는 명사 | + es | • dish 접시 → dishes • match 성냥 → matches<br>• bus 버스 → buses • box 상자 → boxes |

이 중, -f(e)와 -o, -y로 끝나는 명사는 형태 변화에 주의해야 합니다.

| -f(e)로 끝나는 명사 | -f(e)를 v로 고치고 + es | • leaf 나뭇잎 → leaves • knife 칼 → knives ▶ 예외: roof → roofs |
|---|---|---|
| -o로 끝나는 명사 | 자음 + -o → + es | • tomato 토마토 → tomatoes ▶ 예외: piano → pianos |
| | 모음 + -o → + s | • zoo 동물원 → zoos • radio 라디오 → radios |
| -y로 끝나는 명사 | 자음 + -y → -y를 i로 고치고 + es | • baby 아기 → babies • candy 사탕 → candies |
| | 모음 + -y → + s | • boy 소년 → boys • toy 장난감 → toys |

정답 및 해설 p. 03

다음 괄호 안에서 명사의 복수형으로 알맞은 것을 골라 ○하세요.

1. book 책 ( book / books )
2. tree 나무 ( tree / trees )
3. baby 아기 ( babys / babies )
4. lady 숙녀 ( ladys / ladies )
5. toy 장난감 ( toys / toies )
6. leaf 나뭇잎 ( leafs / leaves )
7. knife 칼 ( knifes / knives )
8. dish 접시 ( dishs / dishes )
9. bench 긴 의자 ( benchs / benches )
10. potato 감자 ( potatos / potatoes )

DAY 04

# Build Up

**A** 다음 괄호 안에서 알맞은 말에 ○하세요.

1. Sally is a ( girl / girls ). Sally는 소녀이다.

2. We want a ( puppy / puppies ). 우리는 강아지 한 마리를 원한다.

3. He has two ( boxs / boxes ). 그는 두 개의 상자를 가지고 있다.

4. They have five ( class / classes ). 그들은 수업이 다섯 개 있다.

5. That is a ( ball / balls ). 저것은 공이다.

6. Jake buys two ( knifes / knives ). Jake는 칼을 두 개 산다.

7. He makes a ( bench / benches ). 그는 벤치를 하나 만든다.

8. We want three ( potato / potatoes ). 우리는 감자 세 개를 원한다.

9. My mother is a ( teacher / teachers ). 나의 엄마는 선생님이다.

10. They see three ( monkeies / monkeys ). 그들은 원숭이 세 마리를 본다.

정답 및 해설 p. 03

**B** 다음 주어진 말을 사용하여 문장을 완성하세요.

- She has two ___houses___. 그녀는 집 두 채를 가지고 있다. — house

1. They need three __________. — chair
   그들은 의자 세 개가 필요하다.
2. Sam buys two __________. — flower
   Sam은 꽃 두 송이를 산다.
3. They have two __________. — baby
   그들은 아기가 두 명 있다.
4. My uncle needs four __________. — cup
   나의 삼촌은 컵 네 개가 필요하다.
5. I have three __________. — leaf
   나는 나뭇잎 세 개를 가지고 있다.
6. We visit three __________. — city
   우리는 도시 세 곳을 방문한다.
7. He has seven __________. — pencil
   그는 연필 일곱 자루를 가지고 있다.
8. I have two __________. — eye
   나는 눈이 두 개다.
9. She has eight __________. — friend
   그녀는 여덟 명의 친구가 있다.
10. Amy wants three __________. — ruler
    Amy는 세 개의 자가 필요하다.

# 3. 셀 수 있는 명사의 복수형 (2) - 불규칙 변화

단어의 일부 형태가 변하여 복수를 나타내는 경우가 있습니다.

| | |
|---|---|
| 모음만 바뀌는 경우 | • foot 발 → feet • tooth 이, 이빨 → teeth • goose 거위 → geese<br>• man 남자, 사람 → men • woman 여자 → women |
| 형태가 일부 바뀌는 경우 | • child 어린이, 아이 → children • mouse 쥐 → mice,<br>• ox 황소 → oxen |

단수형과 복수형이 같거나, 복수형으로만 쓰는 경우가 있습니다.

| | |
|---|---|
| 단수형과 복수형이 같은 경우 | • sheep 양 → sheep • deer 사슴 → deer • fish 물고기 → fish |
| 복수형으로만 쓰는 경우 | clothes 옷, pants 바지, jeans 청바지, glasses 안경, socks 양말, scissors 가위 ◎ 대부분 짝을 이루는 명사들입니다. |

◎ cloth는 '천, 옷감'의 의미를, glass는 '유리, 유리컵'의 의미를 나타냅니다.
◎ 참고로 People(사람들)과 같이 단어 자체로 복수의 의미를 포함하는 경우도 있습니다.

## Quiz

정답 및 해설 p. 03

**A** 다음 주어진 표현 중 단수형은 ○를, 복수형은 △를 표시하세요.

| | | | | |
|---|---|---|---|---|
| teeth | ox | men | goose | oxen |
| mouse | child | feet | mice | woman |

**B** 다음 괄호 안에서 알맞은 말을 골라 ○하세요.

1. I see two ( mice / mouses ). 나는 쥐 두 마리를 본다.

2. They have three ( childs / children ). 그들은 아이가 세 명 있다.

3. We see five ( womans / women ). 우리는 다섯 명의 여자를 본다.

4. The baby has four ( teeth / tooths ). 그 아기는 이가 네 개 있다.

5. Six ( mans / men ) go to the park. 여섯 명의 남자가 공원에 간다.

6. She has eight ( gooses / geese ). 그녀는 거위 여덟 마리를 가지고 있다.

7. She likes ( jean / jeans ). 그녀는 청바지를 좋아한다.

8. I wear yellow ( pant / pants ). 나는 노란 바지를 입고 있다.

9. My mother wears ( glass / glasses ). 나의 엄마는 안경을 쓰신다.

10. They see seven ( deer / deers ). 그들은 사슴 일곱 마리를 본다.

11. Thomas has ten ( fish / fishs ). Thomas는 열 마리의 물고기를 가지고 있다.

12. Five ( sheep / sheeps ) are on the farm. 양 다섯 마리가 농장에 있다.

13. I buy new ( sock / socks ). 나는 새 양말을 산다.

14. He wears nice ( cloth / clothes ) for the party. 그는 그 파티를 위해 멋진 옷을 입는다.

15. The rich man has eighty ( oxes / oxen ). 그 부자는 80마리의 황소를 가지고 있다.

DAY 05

# Build Up

**A** 다음 주어진 말을 사용하여 문장을 완성하세요.

- She has two children. — child
  그녀는 아이가 두 명 있다.

1. I need six ____________. — fish
   나는 물고기 여섯 마리가 필요하다.
2. My friend Julia wears ____________. — glass
   내 친구 Julia는 안경을 쓴다.
3. We want new ____________. — scissor
   우리는 새 가위를 원한다.
4. I see five ____________. — sheep
   나는 양 다섯 마리를 본다.
5. They see two ____________. — deer
   그들은 사슴 두 마리를 본다.
6. Lucy has eight ____________. — tooth
   Lucy는 이가 여덟 개 있다.
7. I like long ____________. — pant
   나는 긴 바지를 좋아한다.
8. The cat catches four ____________. — mouse
   그 고양이는 쥐를 네 마리 잡는다.
9. The boy washes his two ____________. — foot
   그 소년은 그의 두 발을 씻는다.
10. The strong man catches two ____________. — ox
    그 힘센 남자는 황소 두 마리를 잡는다.

정답 및 해설 p. 03

**B** 다음 문장의 밑줄 친 부분을 바르게 고쳐 빈칸에 쓰세요.

• Kate wears glass.
Kate는 안경을 쓴다. glasses

1. Two man take a walk.
두 명의 남자가 산책한다. ______________

2. The three gooses are white.
그 거위 세 마리는 흰색이다. ______________

3. Two deers run fast.
사슴 두 마리가 빨리 달린다. ______________

4. The girls see five oxes.
그 소녀들이 황소 다섯 마리를 본다. ______________

5. The sheeps eat grass.
그 양들은 풀을 먹는다. ______________

6. Joe has two tooth.
Joe는 이가 두 개 있다. ______________

7. Five mouses eat cheese.
쥐 다섯 마리가 치즈를 먹는다. ______________

8. Three childs sing together.
세 명의 어린이가 함께 노래한다. ______________

DAY 06

# Review Test

1 다음 괄호 안에서 명사의 단수형을 고르세요.

( deer / babies / cups / men )

2 다음 괄호 안에서 명사의 복수형을 고르세요.

( dish / child / teeth / monkey )

3 다음 중 명사의 복수형 변화가 나머지 셋과 <u>다른</u> 것을 고르세요.

① bench ② fox
③ class ④ leaf

[4-5] 다음 중 명사의 단수형과 복수형이 <u>잘못</u> 짝지어 진 것을 고르세요.

4 ① tomato – tomatoes
② toy – toys
③ city – cities
④ box – boxs

5 ① foot – feet
② piano – pianos
③ sheep – sheeps
④ fish – fish

[6-7] 다음 문장의 빈칸에 알맞은 것을 고르세요.

6 Jenny needs three ________.

① penciles ② puppys
③ apple ④ chairs

7 I have two ________.

① desk ② fish
③ flower ④ house

8 다음 괄호 안에서 알맞은 말을 고르세요.

Susie wears ( jean / pant / glasses ).

[9-10] 다음 밑줄 친 부분을 바르게 고친 것을 고르세요.

9 I want five <u>dishs</u>.

① dish ② dishes
③ dishies ④ dishss

10 Mr. Smith has seven <u>ox</u>.

① oxs ② oxes
③ oxss ④ oxen

정답 및 해설 p. 03

[11-12] 다음 우리말 뜻과 같도록 괄호 안에서 알맞은 말을 고르세요.

11 우리는 가위가 필요하다.

→ We need ( scissor / scissors ).

12 Tom은 세 명의 아이가 있다.

→ Tom has three ( childs / children ).

13 다음 중 밑줄 친 부분이 잘못된 문장을 고르세요.

① I need three potatoes.

② She has two deers.

③ My sister wears pants.

④ They have three babies.

[14-15] 다음 문장을 아래와 같이 바꿔 쓸 때, 괄호 안에서 알맞은 말을 고르세요.

14 We see a mouse.

→ We see three ( mouses / mice ).

15 I have a key.

→ I have four ( keys / keies ).

[16-17] 다음 문장을 괄호 안의 지시대로 바꿔 쓸 때, 빈칸에 알맞은 단어를 쓰세요.

16 My uncle has a sheep. (a를 ten으로)

→ My uncle has ten __________.

17 I need a box. (a를 two로)

→ I need two __________.

18 다음 우리말 뜻과 같도록 주어진 말을 사용하여 문장을 완성하세요.

그들은 네 명의 여자를 본다.

→ They see four __________.
(woman)

**중학교 시험에는 이렇게!**

| 서울 OO중 응용 |

19 명사의 복수형이 잘못 쓰인 것을 고르세요.

① woman – women

② mouse – mice

③ leaf – leaves

④ toy – toies

⑤ fish – fish

| 인천 OO중 응용 |

20 다음 중 바르게 쓰인 문장을 고르세요.

① The tomatos are fresh.

② The dog has two teeth.

③ The babys look cute.

④ The cat catches 10 mouses.

⑤ The leafs are red and yellow.

DAY 06

# Word Review

다음은 **Chapter 2**에 사용된 주요 단어입니다.
소리 내어 읽으면서 써보세요.

| 단어 | 뜻 | 쓰기 | 단어 | 뜻 | 쓰기 |
|---|---|---|---|---|---|
| 1 park | 공원 | | 14 ruler | 자 | |
| 2 market | 시장 | | 15 goose | 거위 | |
| 3 computer | 컴퓨터 | | 16 tooth | 이, 이빨 | |
| 4 want | 원하다 | | 17 ox | 황소 | |
| 5 leg | (신체) 다리 | | 18 sheep | 양 | |
| 6 match | 성냥 | | 19 deer | 사슴 | |
| 7 leaf | 나뭇잎 | | 20 glasses | 안경 | |
| 8 radio | 라디오 | | 21 wear | 입다, 쓰다 | |
| 9 lady | 숙녀 | | 22 grass | 풀, 잔디 | |
| 10 puppy | 강아지 | | 23 key | 열쇠 | |
| 11 class | 수업 | | 24 woman | 여자, 여성 | |
| 12 knife | 칼 | | 25 mouse | 쥐 | |
| 13 city | 도시 | | | | |

☆ **Word Review**에서 학습한 25개 단어는 워크북 18쪽에서 테스트해 볼 수 있습니다.

# 명사(2)

DAY 07

# 1. 셀 수 없는 명사와 그 종류

셀 수 없는 명사는 누구나 '동일한 형태'로 떠올리는 일정한 모양이나 형태가 없는 명사를 가리킵니다. 개수를 셀 수 없으므로 앞에 a나 an을 붙이거나 복수형으로 나타낼 수 없습니다.

셀 수 없는 명사는 다음과 같이 세 가지 종류로 나눌 수 있습니다.

| | |
|---|---|
| 일정한 형태가 없는 명사 | • bread 빵, cheese 치즈, butter 버터, soap 비누, money 돈<br>• air 공기, gas 가스, 기체, rain 비, snow 눈 ▶ 기체, 자연현상<br>• water 물, milk 우유, coffee 커피, juice 주스 ▶ 액체<br>• flour 밀가루, rice 쌀, sugar 설탕, sand 모래 ▶ 가루, 알갱이 등 |
| 볼 수 없으며, 생각으로만 존재하는 명사 | • love 사랑, homework 숙제, work 일, peace 평화, friendship 우정<br>• science 과학, math 수학, tennis 테니스, soccer 축구 ▶ 과목, 운동 |
| 고유한 이름을 가리키는 명사 | • David 데이비드, Seoul 서울, France 프랑스 ▶ 사람, 도시, 나라<br>• Christmas 크리스마스, Monday 월요일, March 3월 ▶ 명절, 요일, 월 |

▶ 이들 중, 고유한 이름을 가리키는 명사의 첫 글자는 항상 대문자로 씁니다.

## Quiz

정답 및 해설 p. 04

**A** 다음 중 셀 수 없는 명사에 ○하세요.

1. gas 가스, 기체 / table 탁자
2. apple 사과 / milk 우유
3. umbrella 우산 / juice 주스
4. toy 장난감 / soap 비누
5. butter 버터 / chair 의자
6. piano 피아노 / snow 눈
7. soccer 축구 / car 자동차
8. flower 꽃 / peace 평화
9. desk 책상 / John 존
10. eraser 지우개 / sand 모래

**B** 다음 문장에서 셀 수 없는 명사를 찾아 빈칸에 쓰세요.

1. Tony is a good boy. → ______________
   Tony는 훌륭한 소년이다.

2. We live in New York. → ______________
   우리는 New York에 산다.

3. My mother likes coffee. → ______________
   나의 엄마는 커피를 좋아하신다.

4. I need money. → ______________
   나는 돈이 필요하다.

5. She is from France. → ______________
   그녀는 프랑스 출신이다.

6. She likes science very much. → ______________
   그녀는 과학을 정말 좋아한다.

7. They need cheese. → ______________
   그들은 치즈가 필요하다.

8. It is April 4th. → ______________
   4월 4일이다.

9. I love Halloween. → ______________
   나는 핼러윈을 정말 좋아한다.

10. The man teaches music. → ______________
    그 남자는 음악을 가르친다.

# Build Up

## A 다음 문장의 밑줄 친 부분을 바르게 고쳐 빈칸에 쓰세요.

• Students like sunday. → Sunday
학생들은 일요일을 좋아한다.

1. They eat breads. → ____
그들은 빵을 먹는다.

2. My friend lives in america. → ____
내 친구는 미국에 산다.

3. I need golds. → ____
나는 금이 필요하다.

4. I know emily. → ____
나는 Emily를 알고 있다.

5. David and I like a math. → ____
David와 나는 수학을 좋아한다.

6. We have snows in winter. → ____
겨울에는 눈이 온다.

7. Today is monday. → ____
오늘은 월요일이다.

8. We need moneys. → ____
우리는 돈이 필요하다.

9. I drink milks every day. → ____
나는 매일 우유를 마신다.

10. Children like christmas. → ____
아이들은 크리스마스를 좋아한다.

정답 및 해설 p. 04

**B** 다음 우리말과 뜻이 같도록 빈칸에 알맞은 말을 쓰세요.

• 우리는 공기가 필요하다. → We need ___air___.

1. Brown 씨는 차를 마신다. → Mr. Brown drinks ___________.

2. Andrew는 그의 숙제를 한다. → Andrew does his ___________.

3. 너의 생일은 4월이다. → Your birthday is in ___________.

4. 나는 과학(과목)을 공부한다. → I study ___________.

5. 나는 일요일에 공원에 간다. → I go to the park on ___________.

6. Sarah는 비를 좋아한다. → Sarah likes ___________.

7. 나는 Tommy를 안다. → I know ___________.

8. 사랑은 중요하다. → ___________ is important.

9. 그 여자는 금을 가지고 있다. → The woman has ___________.

10. 그 소년들은 축구를 좋아한다. → The boys like ___________.

# 2. 셀 수 없는 명사의 수량 표현

셀 수 없는 명사 중 일정한 형태가 없는 명사는 그것이 담기는 그릇/용기나 그것의 모양을 나타내는 표현을 사용하여 수량을 나타냅니다.

◎ 그릇/용기

| | | |
|---|---|---|
| a cup of | ~ 한 컵[잔] | tea 차, coffee 커피 ▶ 뜨거운 음료 |
| a glass of | ~ 한 잔 | milk 우유, juice 주스, water 물 ▶ 차가운 음료 |
| a bottle of | ~ 한 병 | juice 주스, shampoo 샴푸, olive oil 올리브 오일 |
| a can of | ~ 한 캔 | corn 옥수수, Coke 콜라 |
| a carton of | ~ 한 통[곽] | milk 우유, juice 주스 |
| a jar of | ~ 한 병[통] | honey 꿀, jam 잼 |
| a bowl of | ~ 한 그릇 | rice 쌀, soup 수프, cereal 시리얼 |
| a bag of | ~ 한 봉지[자루, 포대] | rice 쌀, sugar 설탕, flour 밀가루 |

◎ 모양

| | | |
|---|---|---|
| a slice[piece] of | ~ 한 조각 | bread 빵, cake 케이크, cheese 치즈, pizza 피자 |
| a sheet[piece] of | ~ 한 장 | paper 종이 |
| a loaf of | ~ 한 덩어리 | bread 빵, meat 고기, cheese 치즈 |
| a bar of | ~ 한 개 | chocolate 초콜릿, soap 비누 |

이때 복수를 표현할 경우, 그릇/용기나 모양을 나타내는 표현을 복수로 씁니다.

- 물 두 잔 → two glasses(복수) of water(단수)
- 빵 두 덩어리 → two loaves(복수) of bread(단수)

정답 및 해설 p. 04

**A** 다음 괄호 안에서 알맞은 말을 골라 ○하세요.

1. 물 두 잔 ( two glasses of water / two glasses of waters )

2. 종이 세 장 ( three sheet of papers / three sheets of paper )

3. 주스 네 병 ( four bottles of juices / four bottles of juice )

4. 치즈 다섯 조각 ( five slices of cheese / five slice of cheese )

5. 빵 여섯 덩어리 ( six loaves of bread / six loaves of breads )

**B** 다음 괄호 안에서 알맞은 말을 골라 ○하세요.

1. I drink a ( glass / loaf ) of milk. 나는 우유 한 잔을 마신다.

2. We need two ( sheets / cans ) of paper. 우리는 종이가 두 장 필요하다.

3. They buy a ( bar / bottle ) of water. 그들은 물 한 병을 산다.

4. Sora wants a ( bag / glass ) of sugar. 소라는 설탕 한 봉지를 원한다.

5. He makes two ( bowls / slices ) of soup. 그는 수프 두 그릇을 만든다.

6. I want a ( piece / cup ) of tea. 나는 차 한 잔을 원한다.

7. Evan buys two ( loaves / bags ) of bread. Evan은 빵 두 덩어리를 산다.

8. I eat three ( pieces / bottles ) of cake. 나는 케이크 세 조각을 먹는다.

9. We buy five ( jars / bars ) of soap. 우리는 비누 다섯 개를 산다.

10. Jake drinks three ( cups / slices ) of coffee. Jake는 커피 세 잔을 마신다.

DAY 08

# Build Up

**A** 다음 우리말과 뜻이 같도록 밑줄 친 부분을 바르게 고쳐 쓰세요.

• 그들은 밀가루 한 봉지를 가지고 있다.
→ They have a bowl of flour. bag of flour

1. Emma는 차 한 잔을 마신다.
→ Emma drinks a piece of tea. ______

2. 나는 치즈 두 덩어리가 필요하다.
→ I need two loaf of cheese. ______

3. 우리는 수프 한 그릇을 먹는다.
→ We eat a can of soup. ______

4. 그는 주스 한 통[곽]을 산다.
→ He buys a bag of orange juice. ______

5. 나의 아들은 종이 네 장이 필요하다.
→ My son needs four sheets of papers. ______

6. 그들은 꿀 다섯 병을 원한다.
→ They want five jars of honeys. ______

7. 그 남자는 밥을 두 그릇 먹는다.
→ The man eats two bowl of rice. ______

8. Thomas는 케이크 두 조각을 먹는다.
→ Thomas eats two slices of cakes. ______

정답 및 해설 p. 04

**B** 다음 괄호 안에 주어진 단어를 사용하여 우리말을 영어로 옮기세요. (필요할 경우 형태를 바꿀 것)

• 커피 한 잔 ( cup, coffee ) → a cup of coffee

1. 우유 한 통 ( milk, carton ) → ____________________

2. 종이 한 장 ( paper, sheet ) → ____________________

3. 비누 두 개 ( soap, bar ) → ____________________

4. 치즈 세 개 ( cheese, slice ) → ____________________

5. 물 두 잔 ( water, glass ) → ____________________

6. 시리얼 두 그릇 ( cereal, bowl ) → ____________________

7. 고기 네 덩어리 ( meat, loaf ) → ____________________

8. 콜라 한 캔 ( Coke, can ) → ____________________

9. 꿀 세 통 ( honey, jar ) → ____________________

10. 설탕 한 봉지 ( sugar, bag ) → ____________________

DAY 09

# Review Test

[1-3] 다음 괄호 안에서 셀 수 있는 명사를 고르세요.

1 ( love / Canada / key )

2 ( snow / banana / gas )

3 ( sugar / cheese / bag )

4 다음 중 셀 수 없는 명사끼리 짝지어진 것을 고르세요.

① love – friend
② bread – flower
③ salt – corn
④ juice – road

5 다음 중 '셀 수 없는 명사 – 셀 수 있는 명사'로 짝지어진 것을 고르세요.

① Monday – David
② Christmas – rain
③ snow – air
④ gas – leaf

[6-7] 다음 빈칸에 알맞은 말을 고르세요.

6 I drink a ________ of milk.

① bag ② glass
③ sheet ④ piece

7 I want a ________ of flour.

① bottle ② bag
③ sheet ④ loaf

8 다음 문장의 빈칸에 공통으로 알맞은 말을 고르세요.

- He eats a ________ of cake.
- I need a ________ of paper.

① piece ② can
③ cup ④ bowl

[9-10] 다음 우리말 뜻과 같도록 괄호 안에서 알맞은 말을 고르세요.

9 나는 밥 한 그릇을 먹는다.

→ I eat a ( bowl / bowls ) of rice.

10 나의 아버지는 커피 세 잔을 드신다.

→ My father drinks three ( cup / cups ) of coffee.

[11-12] 다음 중 밑줄 친 부분이 잘못된 문장을 고르세요.

11 ① Sue wants <u>a cup of soap</u>.
② I need <u>a bowl of rice</u>.
③ Andy wants <u>a can of Coke</u>.
④ They have <u>a bag of sugar</u>.

정답 및 해설 p. 04

12 ① I have three slices of cheese.
② He buys four loaves of meat.
③ She eats two bowls of soups.
④ Clara needs a sheet of paper.

[13-15] 다음 문장을 아래와 같이 바꿔 쓸 때, 괄호 안에서 알맞은 말을 고르세요.

13 Linda wants a jar of jam.

→ Linda wants two ( jar of jams / jars of jam ).

14 Sam needs a sheet of paper.

→ Sam needs three ( sheet of paper / sheets of paper ).

15 We buy a bottle of water.

→ We buy five ( bottles of water / bottles of waters ).

[16-18] 다음 밑줄 친 부분을 바르게 고쳐 전체 문장을 다시 쓰세요.

16 They like snows.

→ ______________________

17 Today is thursday.

→ ______________________

18 We eat two piece of pizzas.

→ ______________________

## 중학교 시험에는 이렇게!

| 수원 OO중 응용 |

19 빈칸에 들어갈 말로 알맞은 것을 고르세요.

My mother buys a loaf of ______ every day.

① bread ② cereal
③ juice ④ flower
⑤ paper

| 서울 OO중 응용 |

20 다음 빈칸에 들어갈 말이 알맞게 짝지어진 것을 고르세요.

We need four ______ of bread and one ______ of juice.

① loaf – piece ② loaf – bottle
③ bowl – bottles ④ loaves – bottles
⑤ loaves – bottle

DAY 09

# Word Review

다음은 **Chapter 3**에 사용된 주요 단어입니다.
소리 내어 읽으면서 써보세요.

| | 단어 | 뜻 | 쓰기 |
|---|---|---|---|
| 1 | air | 공기 | |
| 2 | math | 수학 | |
| 3 | March | 3월 | |
| 4 | live | 살다 | |
| 5 | buy | 사다 | |
| 6 | soup | 수프 | |
| 7 | America | 미국 | |
| 8 | science | 과학 | |
| 9 | every day | 매일 | |
| 10 | important | 중요한 | |
| 11 | corn | 옥수수 | |
| 12 | honey | 꿀 | |
| 13 | cereal | 시리얼 | |

| | 단어 | 뜻 | 쓰기 |
|---|---|---|---|
| 14 | flour | 밀가루 | |
| 15 | paper | 종이 | |
| 16 | leaf | 나뭇잎 | |
| 17 | sheet | 한 장 | |
| 18 | meat | 고기 | |
| 19 | jar | 병 | |
| 20 | carton | 통[곽] | |
| 21 | soap | 비누 | |
| 22 | bowl | (오목한) 그릇 | |
| 23 | drink | 마시다 | |
| 24 | slice | (얇게 썬) 조각 | |
| 25 | glass | (유리) 잔, 유리 | |

☆ **Word Review**에서 학습한 25개 단어는 워크북 27쪽에서 테스트해 볼 수 있습니다.

# 관사

DAY 10

# 1. 관사 a, an

a, an, the는 명사 앞에 쓰이는 말로 관사라고 합니다.
이들 중 a, an은 '특별히 정해지지 않은 명사 하나 또는 명사의 한 종류'를 가리킵니다. ▶ '정해져 있지 않다'라는 뜻으로 부정관사라고 해요.
이들은 셀 수 있는 명사 앞에만 쓰입니다.

| | |
|---|---|
| 정해지지 않은 명사 하나 또는 한 종류 | • This is an apple. 이것은 사과다. ▶ 불특정한 사과 하나<br>• A horse runs fast. 말은 빨리 달린다. ▶ 말이라는 동물의 한 종류 |
| 하나의 | I have a brother. 나는 남동생이 한 명 있다. |

뒤에 나오는 명사의 첫소리가 자음이면 a를 쓰고, 모음이면 an을 씁니다.

| | |
|---|---|
| 뒤에 오는 명사의 첫소리가 자음 | a boy 소년, a dog 개, a tree 나무, a desk 책상 |
| 뒤에 오는 명사의 첫소리가 모음 | an apple 사과, an egg 달걀, an orange 오렌지 |

u, h로 시작하는 명사는 소리에 따라 앞에 a를 쓸지 an을 쓸지 구분합니다. ▶ 스펠링과 소리를 혼동하지 마세요.
• a uniform 유니폼, 교복, a university 대학교, a house 집, a hotel 호텔
• an uncle 삼촌, an umbrella 우산, an hour 시간 ▶ 각 명사의 첫소리가 모음

a, an과 명사 사이에 형용사가 쓰일 경우, 형용사의 첫소리에 따라 a를 쓸지 an을 쓸지 결정합니다.
• a fresh egg 신선한 달걀
• an easy book 쉬운 책, an ugly picture 보기 싫은 그림, an honest boy 정직한 소년 ▶ 각 형용사의 첫소리가 모음

정답 및 해설 p. 05

Quiz

**A** 다음 문장의 빈칸에 a 또는 an을 쓰세요.

1. I have ____________ puppy. 나는 강아지 한 마리를 가지고 있다.
2. Violet eats ____________ apple. Violet은 사과 하나를 먹는다.
3. She is ____________ singer. 그녀는 가수이다.
4. He wants ____________ new computer. 그는 새 컴퓨터를 원한다.
5. This is ____________ ant. 이것은 개미이다.

6. She lives in ___________ old house. 그녀는 낡은 집에 산다.

7. I have ___________ uncle. 나는 삼촌이 한 명 있다.

**B** 다음 괄호 안에서 알맞은 것을 골라 ○하세요.

1. She needs ( a / an / 필요 없음 ) bicycle. 그녀는 자전거 한 대가 필요하다.

2. They have two ( a / an / 필요 없음 ) babies. 그들은 아기가 두 명이다.

3. Matt is ( a / an / 필요 없음 ) actor. Matt는 배우이다.

4. My mother likes ( a / an / 필요 없음 ) flowers. 나의 어머니는 꽃을 좋아하신다.

5. Vicky has ( a / an / 필요 없음 ) old book. Vicky는 오래된 책 한 권을 가지고 있다.

6. He needs ( a / an / 필요 없음 ) bread. 그는 빵이 필요하다.

7. ( A / An / 필요 없음 ) elephant is very big. 코끼리는 매우 크다.

8. I study math for ( a / an / 필요 없음 ) hour. 나는 한 시간 동안 수학을 공부한다.

9. He needs ( a / an / 필요 없음 ) eraser. 그는 지우개가 하나 필요하다.

10. You have ( a / an / 필요 없음 ) yellow bag. 너는 노란색 가방을 하나 가지고 있다.

DAY 10

# Build Up

**A** 다음 문장의 밑줄 친 부분을 바르게 고치세요. (단, 밑줄 친 부분이 필요 없으면 ×표 할 것)

• They have a two tickets. → X
그들은 두 장의 표를 가지고 있다.

1. He is an child. → ____________
그는 어린이다.

2. I help a old lady. → ____________
나는 한 노부인을 돕는다.

3. She has an fresh apple. → ____________
그녀는 신선한 사과 하나를 가지고 있다.

4. They buy a five books. → ____________
그들은 책 다섯 권을 산다.

5. I study English for a hour. → ____________
나는 한 시간 동안 영어를 공부한다.

6. My brothers wear an uniform. → ____________
나의 형들은 교복을 입는다.

7. Give me an fresh egg, please. → ____________
저에게 신선한 계란 하나를 주세요.

8. She is a honest girl. → ____________
그녀는 정직한 소녀이다.

9. They drink a water. → ____________
그들은 물을 마신다.

10. You have a scissors. → ____________
너는 가위를 가지고 있다.

정답 및 해설 p. 05

**B** 다음 우리말 뜻과 같도록 a 또는 an과 괄호 안에 주어진 단어를 사용하여 문장을 완성하세요.

- Peter는 의사이다. ( doctor ) → Peter is a doctor.

1. 이것은 개미이다. ( ant ) → This is ________________.
2. 나는 상자 한 개를 원한다. ( box ) → I want ________________.
3. 저에게 공책 한 권을 주세요. ( notebook ) → Please give me ________________.
4. 그녀는 경찰관이다. ( police officer ) → She is ________________.
5. 기린은 키가 크다. ( giraffe ) → ________________ is tall.
6. 저것은 강이다. ( river ) → That is ________________.
7. 그들은 접시 하나가 필요하다. ( dish ) → They need ________________.
8. 그들은 이글루에서 산다. ( igloo ) → They live in ________________.
9. 나에게는 삼촌이 한 분 계시다. ( uncle ) → I have ________________.
10. 나에게 지금 대답을 해주세요. ( answer ) → Give me ________________ now.

# 2. 관사 the

명사 앞에 붙는 the 또한 관사입니다. '(바로) 그'라는 의미로 앞에 나온 명사를 다시 가리킬 때 사용합니다. 또한 상대방이 무엇을 가리키는지 알고 있는 명사 앞에 쓰기도 합니다. ● '정해져 있다'라는 의미로 정관사라고 해요.

- I have a cat. The cat is black. 나는 고양이 한 마리를 가지고 있다. 그 고양이는 까만색이다.
  (a cat: 정해지지 않은 불특정한 고양이 한 마리 / The cat: 앞 문장에서 말한 내가 가지고 있는 바로 그 고양이)
- Close the door. 문을 닫아라. (어떤 문을 가리키는지 알고 있음)
- He is in the kitchen. 그는 부엌에 있다. (어떤 부엌을 말하는지 알고 있음)

다음의 경우에는 명사 앞에 the를 반드시 쓰도록 주의해야 합니다.

| | |
|---|---|
| 세상에 하나뿐인 자연물 | the earth 지구, the sun 태양, the moon 달, the sky 하늘 |
| 악기 이름 | the piano 피아노, the violin 바이올린, the cello 첼로 |
| 위치, 방향 | the north 북쪽, the east 동쪽, the right 오른쪽, the left 왼쪽 |

## Quiz

정답 및 해설 p. 05

다음 괄호 안에서 알맞은 말을 골라 ○하세요.

1. Pass me ( a / an / the ) salt, please. 저에게 소금을 건네주세요.

2. They play ( a / an / the ) piano. 그들은 피아노를 연주한다.

3. We live in ( a / an / the ) south. 우리는 남쪽에 산다.

4. ( A / An / The ) earth is round. 지구는 둥글다.

5. I know a man. ( A / An / The ) man is a pilot. 나는 한 남자를 안다. 그 남자는 조종사이다.

6. The boy walks to ( a / an / the ) left. 그 소년은 왼쪽으로 걸어간다.

7. I see a girl. ( A / An / The ) girl is my classmate. 나는 한 소녀를 본다. 그녀는 나의 반 친구이다.

# 3. 주의해야 할 관사의 쓰임

다음의 명사 앞에는 관사(a, an, the)를 붙이지 않도록 합니다.

| | |
|---|---|
| 식사 이름 | breakfast 아침 식사, lunch 점심 식사, dinner 저녁 식사 |
| 운동경기 이름 | baseball 야구, soccer 축구, golf 골프, tennis 테니스 |
| 과목 이름 | music 음악, history 역사, math 수학, science 과학 |
| 고유한 이름 (사람, 언어, 요일, 월, 명절) | · David, Jake, Mr. Brown, Jessica ◘ 사람 이름<br>· English 영어, French 프랑스어, Korean 한국어, Chinese 중국어 ◘ 언어<br>· Monday 월요일, July 7월, Christmas 크리스마스 ◘ 요일, 월, 명절 |

· I have the breakfast at seven. (×) / I have a breakfast at seven. (×)
→ I have breakfast at seven. (○) 나는 7시에 아침 식사를 한다.

정답 및 해설 p. 05

다음 괄호 안에서 알맞은 말을 골라 ○하세요.

1. The school is on ( a / the / 필요 없음 ) left. 학교는 왼편에 있다.
2. That is ( a / the / 필요 없음 ) Ms. White. 저분은 White 선생님이다.
3. Dora likes ( a / the / 필요 없음 ) science. Dora는 과학을 좋아한다.
4. We see ( a / the / 필요 없음 ) moon at night. 우리는 밤에 달을 본다.
5. Look at the stars in ( a / the / 필요 없음 ) sky. 하늘에 있는 별을 봐라.
6. We speak ( an / the / 필요 없음 ) English. 우리는 영어를 말한다.
7. My father plays ( a / the / 필요 없음 ) tennis. 나의 아버지는 테니스를 친다.
8. Halloween is on ( an / the / 필요 없음 ) October 31st. 핼러윈은 10월 31일이다.

DAY 11

# Build Up

**A** 다음 빈칸에 the가 필요하면 쓰고, 필요 없으면 X표 하세요.

- Sofia plays _____X_____ baseball in the playground.
  Sofia는 운동장에서 야구를 한다.

1. They have __________ dinner at home.
   그들은 집에서 저녁 식사를 한다.

2. He has a book. __________ book is interesting.
   그는 한 권의 책을 가지고 있다. 그 책은 재미있다.

3. We like __________ math.
   우리는 수학을 좋아한다.

4. Mike speaks __________ Korean well.
   Mike는 한국어를 잘 말한다.

5. The sun shines in __________ sky.
   태양이 하늘에서 빛난다.

6. An airplane flies to __________ west.
   비행기 한 대가 서쪽으로 날아간다.

7. I have a cap. __________ cap is blue.
   나는 모자 하나를 가지고 있다. 그 모자는 파란색이다.

8. __________ moon is very big.
   달이 매우 크다.

9. Liam has three cats. __________ cats are small.
   Liam은 고양이 세 마리가 있다. 그 고양이들은 작다.

10. I watch TV in __________ living room.
    나는 거실에서 TV를 본다.

정답 및 해설 p. 05

**B** 다음 밑줄 친 부분을 빈칸에 바르게 고쳐 쓰세요.

• They like the math. → math
그들은 수학을 좋아한다.

1. The moon moves around an earth. → ________
   달은 지구 주위를 돈다.

2. I have pizza for the lunch. → ________
   나는 점심으로 피자를 먹는다.

3. My friends play a volleyball. → ________
   나의 친구들은 배구를 한다.

4. A man is under the tree. I know a man. → ________
   한 남자가 나무 아래에 있다. 나는 그 남자를 안다.

5. She learns the English at school. → ________
   그녀는 학교에서 영어를 배운다.

6. Birds fly in a sky. → ________
   새들이 하늘을 난다.

7. The sun shines in an east. → ________
   태양이 동쪽에서 빛난다.

8. She likes the history. → ________
   그녀는 역사(과목)를 좋아한다.

9. The basketball is a fun sport. → ________
   농구는 재미있는 운동이다.

10. Sun comes up here. → ________
    태양은 여기에서 떠오른다.

# Review Test

[1-2] 다음 괄호 안의 표현 중 맞는 것을 고르세요.

1 ( a actor / an umbrella / an yellow cap )

2 ( an uniform / a old house / a fresh egg )

[3-4] 다음 중 밑줄 친 부분이 잘못된 문장을 고르세요.

3 ① She has a book.
② They like a soup.
③ He is an honest man.
④ Kate needs a new car.

4 ① We have a six apples.
② Luke wants a ball.
③ The lady buys a hotel.
④ I drink a glass of milk.

5 다음 틀린 곳 한 군데를 바르게 고쳐 전체 문장을 다시 쓰세요.

That is a interesting book.

→ ______________________

[6-8] 다음 빈칸에 알맞은 것을 고르세요.

6 I make pizza for ______ hour.

① a ② an
③ two ④ 필요 없음

7 Julia plays ______ violin in her room.

① a ② an
③ the ④ 필요 없음

8 Eric and Pete like ______ math.

① a ② an
③ the ④ 필요 없음

[9-11] 다음 빈칸에 the[The]가 필요하면 ○표, 필요 없으면 ×표 하세요.

9 Fred plays ______ tennis after school.

10 We see ______ sun in the morning.

11 I see a boy. ______ boy is my brother.

정답 및 해설 p. 05

[12-13] 다음 빈칸에 들어갈 말이 나머지 셋과 다른 것을 고르세요. (단, 대 · 소문자는 무시할 것)

12 ① I am ________ student.
② James has ________ daughter.
③ We need ________ pencil.
④ I want ________ egg.

13 ① I play ________ piano.
② They are in ________ kitchen.
③ ________ earth is round.
④ He has ________ sister.

[14-15] 다음 우리말 뜻과 같도록 괄호 안에서 알맞은 말을 고르세요.

14 그녀는 오늘 기타를 연주한다.

→ She plays ( a / the ) guitar today.

15 Brown 씨는 의사이다.

→ Mr. Brown is ( a / the ) doctor.

[16-17] 다음 우리말과 같도록 괄호 안에서 필요한 말을 골라 문장을 완성하세요.

16 우리는 8시에 저녁 식사를 한다.

→ We ____________ at 8.
( have, the, dinner, a )

17 별 하나가 하늘에서 빛난다.

→ A star shines ____________.
( sky, in, a, the )

18 다음 우리말에 맞게 주어진 말을 배열하세요.

우리는 그 소풍에 대한 하나의 아이디어를 가지고 있다.

( an / have / picnic / we / for / idea / the )
→ ____________________

## 중학교 시험에는 이렇게!

| 서울 ○○중 응용 |

19 다음 중 잘못된 문장을 고르세요.

① I am a lawyer.
② She is a honest girl.
③ That is a fresh egg.
④ This man has a yellow hat.
⑤ The students wear a uniform.

| 인천 ○○중 응용 |

20 빈칸에 the[The]가 들어갈 수 없는 것을 고르세요.

① Emma plays ________ guitar.
② Bill eats ________ breakfast at 8.
③ ________ pen is nice.
④ I want ________ yellow bag.
⑤ He likes ________ TV show.

DAY 12

# Word Review

다음은 **Chapter 4**에 사용된 주요 단어입니다.
소리 내어 읽으면서 써보세요.

| 단어 | 뜻 | 쓰기 |
|---|---|---|
| 1 uniform | 교복, 유니폼 | |
| 2 university | 대학교 | |
| 3 history | 역사 (과목) | |
| 4 fresh | 신선한 | |
| 5 easy | 쉬운 | |
| 6 ugly | 못생긴, 보기 흉한 | |
| 7 honest | 정직한 | |
| 8 actor | 배우 | |
| 9 eraser | 지우개 | |
| 10 math | 수학 | |
| 11 child | 아이, 자식 | |
| 12 giraffe | 기린 | |
| 13 sport | 스포츠, 운동 | |

| 단어 | 뜻 | 쓰기 |
|---|---|---|
| 14 right | 오른쪽 | |
| 15 left | 왼쪽 | |
| 16 north | 북쪽 | |
| 17 west | 서쪽 | |
| 18 east | 동쪽 | |
| 19 south | 남쪽 | |
| 20 pilot | 비행기 조종사 | |
| 21 move | 움직이다 | |
| 22 July | 7월 | |
| 23 playground | 운동장 | |
| 24 volleyball | 배구 | |
| 25 shine | 빛나다 | |

☆ **Word Review**에서 학습한 25개 단어는 워크북 36쪽에서 테스트해 볼 수 있습니다.

# Mid-Term

DAY 13

# Mid-Term

1 다음 중 규칙에 맞게 쓰인 문장을 고르세요.

① She likes dogs

② My sister is a cook.

③ he is very kind.

④ How are you.

2 다음 문장에서 주어와 동사를 찾아 쓰세요.

We have dinner at 8.

→ 주어: __________ / 동사: __________

3 다음 우리말 뜻과 같도록 '주어+동사+목적어'의 문장을 완성하세요. (단, 주어진 말에서 고를 것)

우리는 바나나를 먹는다.

→ ______________________________

( eat, sweet, bananas, and, we, very )

4 다음 괄호 안에서 보어가 쓰인 문장을 고르세요.

( I want a computer. / We are students. )

5 다음 중 밑줄 친 부분의 품사가 나머지 셋과 다른 것을 고르세요.

① It is blue and small.

② I have a green cap.

③ They sing well.

④ She is a good girl.

6 다음 문장에서 동사를 찾아 빈칸에 쓰세요.

I drink water.

→ ____________________

7 다음 문장에서 보어를 찾아 빈칸에 쓰세요.

The dog is small.

→ ____________________

8 다음 문장에서 목적어를 찾아 빈칸에 쓰세요.

My mother likes comic books.

→ ____________________

[9-10] 다음 중 밑줄 친 부분이 잘못된 문장을 고르세요.

9 ① She wants two tomatoes.

② He has two boxes.

③ I need two knifes.

④ We want three desks.

10 ① Birds have two feet.

② They see seven deers.

③ Thomas has ten fish.

④ Five sheep are on the farm.

정답 및 해설 p. 06

[11-12] 다음 문장을 괄호 안의 지시대로 바꿔 쓸 때, 빈칸에 알맞은 말을 쓰세요.

11 I have a leaf. (a를 ten으로)

→ I have ________________.

12 She wants a child. (a를 three로)

→ She wants ________________.

13 다음 우리말 뜻과 같도록 주어진 말을 사용하여 문장을 완성하세요.

거위 세 마리는 하얀색이다.

→ Three ________________ are white. ( goose )

[14-15] 다음 문장의 밑줄 친 부분을 바르게 고쳐 전체 문장을 다시 쓰세요.

14 I have pretty <u>pant</u>.

→ ________________________

15 I see five <u>mouses</u>.

→ ________________________

[16-17] 다음 중 밑줄 친 부분이 <u>잘못된</u> 문장을 고르세요.

16 ① Sarah likes <u>apples</u>.

② I need <u>money</u>.

③ Mr. Brown drinks <u>tea</u>.

④ My mom uses <u>butters</u>.

17 ① Mom makes <u>a bowl of soup</u>.

② We eat <u>a piece of cake</u>.

③ Daniel buys <u>two bar of soap</u>.

④ I make <u>two cups of tea</u>.

18 다음 우리말 뜻과 같도록 빈칸에 알맞은 말을 쓰세요.

그녀는 물 세 병을 산다.

→ She buys three ____________ of water.

→ ________________

[19-20] 다음 괄호 안에서 알맞은 표현에 ○하세요.

19 Jenny needs ( three cans of Cokes / three cans of Coke ).

20 I buy ten ( slice of cheese / slices of cheese ).

정답 및 해설 p. 06

**21** 다음 문장에서 틀린 부분을 한 군데 찾아 바르게 고쳐 전체 문장을 다시 쓰세요.

> She needs soaps.
> (그녀는 비누가 필요하다.)

→ ____________________

**22** 다음 문장을 괄호 안의 지시대로 바꿔 쓸 때 빈칸에 알맞은 단어를 쓰세요.

> I need a loaf of cheese. (a를 two로)

→ I need two ____________.

[23-24] 다음 중 밑줄 친 부분이 잘못된 문장을 고르세요.

**23** ① She eats a fresh apple.
② She is an honest girl.
③ He lives in a igloo.
④ Michelle and I see an ox.

**24** ① She learns the cello.
② I study English.
③ They have the dinner.
④ The boys meet Mr. Kim.

**25** 다음 중 빈칸에 a가 들어갈 수 없는 문장을 고르세요.

① He has ________ red umbrella.
② The girl wears ________ uniform.
③ She has ________ hotel now.
④ ________ sun rises in the east.

[26-27] 다음 문장에서 잘못된 부분을 바르게 고쳐 전체 문장을 다시 쓰세요.

**26**

> I have a old bicycle.

→ ____________________

**27**

> I drink three glass of waters.

→ ____________________

[28-30] 다음 우리말과 같도록 괄호 안에서 필요한 말을 골라 문장을 완성하세요.

**28**

> 나는 지금 종이가 세 장 필요하다.

→ I need ____________ now.
( of, three, sheets, slices, paper )

**29**

> 그녀는 방과 후에 바이올린을 연주한다.

→ She ____________ after school.
( violin, plays, a, the )

**30**

> 내 남동생은 과학(과목)을 좋아한다.

→ My brother ____________.
( likes, a, science, the )

# 대명사(1)

DAY 14

# 1. 대명사와 인칭대명사

명사가 사물의 이름이라면, 대명사는 명사를 대신하는 말입니다.

- **Tony** is in the living room. **He** reads a book. Tony는 거실에 있다. 그는 책을 한 권 읽는다.

  (Tony: 명사, He: 대명사)

대명사에는 인칭대명사와 지시대명사가 있습니다.
이중 인칭대명사는 사람을 가리키는 대명사로 사람 외 동물, 사물을 가리킬 때도 사용합니다.
인칭대명사는 3개의 인칭으로 구별합니다.

| 1인칭 | | 2인칭 | | 3인칭 | |
|---|---|---|---|---|---|
| 말하는 사람인 '나' / '우리' | | 말을 듣는 상대방인 '너[당신]' / '너희[당신들]' | | 나머지 모두 / 사물, 동물 | |
| I<br>나는 | we<br>우리는 | you<br>너는[당신은] | you<br>너희는[당신들은] | he/she/it<br>그는/그녀는/그것은 | they<br>그들은[그것들은] |

- **Julia** is my friend. **She** sings well. Julia는 내 친구이다. 그녀는 노래를 잘한다.
- **The new bicycle** is blue. **It** has a basket. 그 새 자전거는 파란색이다. 그것은 바구니가 달려 있다.

and로 연결된 명사나 인칭대명사를 가리킬 경우, 내용에 알맞은 인칭대명사를 씁니다.

- **Eric and I** play soccer. **We** are good friends. Eric과 나는 축구를 한다. 우리는 좋은 친구이다.
- **You and Dean** are kind. **You** are good boys. 너와 Dean은 친절하다. 너희는 착한 소년들이다.
- **Sam and Mike** are brothers. **They** love cats. Sam과 Mike는 형제이다. 그들은 고양이를 좋아한다.

## Quiz

정답 및 해설 p. 07

**A** 다음 우리말에 해당하는 인칭대명사를 쓰세요.

1. 나는 ____________
2. 너는 ____________
3. 우리는 ____________
4. 그는 ____________
5. 그들은 ____________
6. 그녀는 ____________
7. 너희는 ____________
8. 그것들은 ____________
9. 그것은 ____________

**B** 다음 문장에서 인칭대명사를 찾아 빈칸에 쓰세요.

1. I am happy. 나는 행복하다. → ______________

2. You are pretty. 네[너희]는 예쁘다. → ______________

3. He is a cook. 그는 요리사이다. → ______________

4. She likes coffee. 그녀는 커피를 좋아한다. → ______________

5. It is a pig. 그것은 돼지이다. → ______________

6. We are friends. 우리는 친구이다. → ______________

7. You are students. 너희는 학생들이다. → ______________

8. They are busy. 그들은 바쁘다. → ______________

9. It is an elephant. 그것은 코끼리이다. → ______________

10. You are a firefighter. 너는 소방관이다. → ______________

11. They help an old woman. 그들은 노부인을 돕는다. → ______________

12. She wants a pencil. 그녀는 연필 한 자루를 원한다. → ______________

# Build Up

## A 다음 우리말 뜻과 같도록 괄호 안에서 알맞은 것을 골라 ○하세요.

• 그것은 필통이다. → ( It / They ) is a pencil case.

1. 그는 소년이다. → ( He / She ) is a boy.

2. 우리는 배고프다. → ( I / We ) are hungry.

3. 그것은 장미이다. → ( It / They ) is a rose.

4. 우리는 피곤하다. → ( You / We ) are tired.

5. 당신은 일본에서 왔다. → ( I / You ) are from Japan.

6. 그녀는 정원에 있다. → ( She / It ) is in the garden.

7. 나는 TV를 본다. → ( I / You ) watch TV.

8. 너는 학생이다. → ( You / They ) are a student.

9. 그것들은 포도이다. → ( It / They ) are grapes.

10. 당신들은 선생님이다. → ( They / You ) are teachers.

정답 및 해설 p. 07

**B** 다음 우리말 뜻과 같도록 빈칸에 알맞은 말을 쓰세요.

• 우리는 준비되었다. → We are ready.

1. 그녀는 가수이다. → ________ is a singer.

2. 그들은 의사들이다. → ________ are doctors.

3. 그것은 곰이다. → ________ is a bear.

4. 너희는 친절한 소년들이다. → ________ are kind boys.

5. 나는 화장실에 있다. → ________ am in the bathroom.

6. 그는 매우 피곤하다. → ________ is very tired.

7. 너는 경찰관이다. → ________ are a police officer.

8. 그것들은 동물들이다. → ________ are animals.

9. 그들은 잘생겼다. → ________ are handsome.

10. 우리는 화가 났다. → ________ are angry.

DAY 15

# 2. 인칭대명사의 주격, 목적격 (1)

인칭대명사의 격이란 말은 인칭대명사가 문장에서 어떤 역할을 하는지를 가리킵니다.
인칭대명사가 주어의 역할을 하면 '주격 (인칭대명사)'이라고 하고, 목적어의 역할을 하면 '목적격 (인칭대명사)'이라고 합니다.

| | | 주격 (~은, ~는, ~이, ~가) | 목적격 (~을, ~를) |
|---|---|---|---|
| 단수 | 1인칭 | I 나는 | me 나를 |
| | 2인칭 | you 너는[당신은] | you 너를[당신을] |
| | 3인칭 | he 그는 | him 그를 |
| | | she 그녀는 | her 그녀를 |
| | | it 그것은 | it 그것을 |
| 복수 | 1인칭 | we 우리는 | us 우리를 |
| | 2인칭 | you 너희는[당신들은] | you 너희를[당신들을] |
| | 3인칭 | they 그들은[그것들은] | them 그들을[그것들을] |

## Quiz

정답 및 해설 p. 07

다음 우리말 뜻과 같도록 괄호 안에서 알맞은 것을 골라 ○하세요.

1. 너는 좋은 의사이다. → ( You / I ) are a good doctor.
2. 그는 공원에 있다. → ( He / She ) is in the park.
3. 그것은 매우 길다. → ( It / They ) is very long.
4. 우리는 배고프다. → ( We / You ) are hungry.
5. 나는 그것들을 좋아한다. → I like ( they / them ).
6. 그들은 우리를 도와준다. → They help ( we / us ).
7. 그 남자는 너희를 안다. → The man knows ( you / them ).

# 3. 인칭대명사의 주격, 목적격 (2)

주어로 쓰인 명사를 주격 인칭대명사로 바꿔 쓸 수 있습니다.

- **The lady** is a nurse. 그 숙녀는 간호사이다. → She is a nurse. 그녀는 간호사이다.
- **Cindy and I** are friends. Cindy와 나는 친구이다. → We are friends. 우리는 친구이다.
- **The flowers** are beautiful. 그 꽃들은 아름답다. → They are beautiful. 그것들은 아름답다.

목적어로 쓰인 명사를 목적격 인칭대명사로 바꿔 쓸 수 있습니다.

- I meet **the boy** today. 나는 오늘 그 소년을 만난다. → I meet him today. 나는 오늘 그를 만난다.
- She loves **Ann and me**. 그녀는 Ann과 나를 사랑한다. → She loves us. 그녀는 우리를 사랑한다.
- Don knows **you and Ron**. Don은 너와 Ron을 안다. → Don knows you. Don은 너희를 안다.
- Ed likes **cats and dogs**. Ed는 고양이와 개를 좋아한다. → Ed likes them. Ed는 그것들을 좋아한다.

## Quiz

정답 및 해설 p. 07

다음 문장의 밑줄 친 부분을 대신하는 인칭대명사를 쓰세요.

1. Sarah is a sweet girl. Sarah는 다정한 소녀이다. → ______________
2. Erica and I like ice cream. Erica와 나는 아이스크림을 좋아한다. → ______________
3. My father is a teacher. 나의 아버지는 선생님이다. → ______________
4. The chair has four legs. 그 의자는 다리가 네 개이다. → ______________
5. Sid knows you and your sister. Sid는 너와 너의 여동생을 안다. → ______________
6. She has a computer. 그녀는 컴퓨터 한 대를 가지고 있다. → ______________
7. Philip sees penguins. Philip은 펭귄들을 본다. → ______________

# Build Up

**A** 다음 우리말 뜻과 같도록 빈칸에 알맞은 인칭대명사를 쓰세요.

- 우리는 그 배우를 좋아한다. → ___We___ like the actor.

1. 그것들은 매우 크다. → __________ are very big.
2. Julia는 매일 그를 본다. → Julia sees __________ every day.
3. 그녀는 무용수이다. → __________ is a dancer.
4. Murphy 선생님은 우리를 가르치신다. → Mr. Murphy teaches __________.
5. 그것은 생쥐이다. → __________ is a mouse.
6. 그 남자는 그녀를 알고 있다. → The man knows __________.
7. 우리는 키가 크다. → __________ are tall.
8. 그 소년은 그것들을 안다. → The boy knows __________.
9. 너는 제빵사이다. → __________ are a baker.
10. 그녀는 나를 도와준다. → She helps __________.

**B** 다음 문장의 빈칸에 알맞은 인칭대명사를 쓰세요.

- He buys three roses. ____They____ are for his mother.
  그는 꽃 세 송이를 산다. 그것들은 그의 어머니를 위한 것이다.

1. Alice has dolls. ____________ are cute.
   Alice는 인형을 가지고 있다. 그것들은 귀엽다.

2. I have a sister. ____________ is smart.
   나는 여동생이 한 명 있다. 그녀는 똑똑하다.

3. We have computers. ____________ are new.
   우리는 컴퓨터를 가지고 있다. 그것들은 새것이다.

4. I like milk. I drink ____________ every day.
   나는 우유를 좋아한다. 나는 그것을 매일 마신다.

5. Look at the man. I know ____________.
   저 남자를 보아라. 나는 그를 안다.

6. Ron reads a book. ____________ is interesting.
   Ron은 책을 읽는다. 그것은 재미있다.

7. Jenny is kind. We like ____________.
   Jenny는 친절하다. 우리는 그녀를 좋아한다.

8. Thomas has two sisters. ____________ are babies.
   Thomas는 두 명의 여동생이 있다. 그들은 아기들이다.

9. Mr. Smith is a teacher. ____________ teaches English.
   Smith 씨는 선생님이다. 그는 영어를 가르친다.

10. I have a mirror. I use ____________ every day.
    나는 거울을 하나 가지고 있다. 나는 그것을 매일 사용한다.

DAY 16

# Review Test

1 다음 괄호 안에서 알맞은 말을 고르세요.

( He / Him ) is very handsome.

2 다음 중 밑줄 친 부분이 잘못된 것을 고르세요.

① You know her.
② She teaches I.
③ They love us.
④ We like it very much.

[3-5] 다음 밑줄 친 부분을 알맞은 인칭대명사로 바꾸세요.

3 Louis and I read interesting books.

→ ______________

4 Nick and his sister go to school.

→ ______________

5 You and your brother are very tall.

→ ______________

[6-8] 다음 괄호 안에서 알맞은 말을 고르세요.

6 They have a son. ( He / She / It ) is a student.

7 I eat strawberries. I like ( it / they / them ) very much.

8 Look at the boy. I know ( him / her / it ) well.

[9-10] 다음 밑줄 친 부분이 잘못된 문장을 고르세요.

9 ① He is very smart.
② I like it very much.
③ You know she well.
④ They are good students.

10 ① It is a tiger.
② We like her.
③ You are friends.
④ I eat they every day.

11 다음 문장의 빈칸에 알맞지 않은 것을 고르세요.

She loves ________.

① he ② you
③ it ④ me

12 다음 문장의 빈칸에 알맞은 말이 순서대로 짝지어진 것을 고르세요.

Ms. Scott is a model. ________ is very nice. I like ________.

① He – him ② You – you
③ She – her ④ It – it

정답 및 해설 p. 07

[13-14] 다음 우리말 뜻과 같도록 괄호 안에서 알맞은 말을 고르세요

13 그 강아지는 우리를 좋아한다.

→ The puppy likes ( we / us ).

14 그것들은 꽃이다.

→ ( They / Them ) are flowers.

15 다음 문장의 밑줄 친 부분을 인칭대명사로 바꿔 전체 문장을 다시 쓰세요.

Paul and I are cousins.

→ ____________________

[16-17] 다음 문장의 빈칸에 알맞은 말을 쓰세요.

16 I know Beth and Dorothy. ________ are sisters.

17 We meet Mr. James today. We like ________ very much.

18 다음 우리말 뜻과 같도록 빈칸에 알맞은 말을 넣어 문장을 완성하세요.

Tom은 고양이 세 마리를 가지고 있다. 그는 그것들을 매우 좋아한다.

→ Tom has three cats. ________ loves ________.

**중학교 시험에는 이렇게!**

| 인천 ○○중 응용 |

19 다음 빈칸에 들어갈 말을 쓰세요.

A: Do you have any good friends?
B: Yes. __ⓐ__ are Kevin and Tom.
A: Oh, I know __ⓑ__. __ⓒ__ are very nice.

ⓐ ________ ⓑ ________ ⓒ ________

| 인천 ○○중 응용 |

20 다음 문장의 밑줄 친 부분을 바르게 고쳐 문장을 다시 쓰세요.

(1) Our live in Seoul.

→ ____________________

(2) Sue and Julie are kind. We love it.

→ ____________________

# Word Review

다음은 **Chapter 5**에 사용된 주요 단어입니다.
소리 내어 읽으면서 써보세요.

| 단어 | 뜻 | 쓰기 |
| --- | --- | --- |
| 1 living room | 거실 | |
| 2 basket | 바구니 | |
| 3 busy | 바쁜 | |
| 4 firefighter | 소방관 | |
| 5 pencil case | 필통 | |
| 6 rose | 장미 | |
| 7 Japan | 일본 | |
| 8 garden | 정원 | |
| 9 teacher | 선생님 | |
| 10 singer | 가수 | |
| 11 doctor | 의사 | |
| 12 bear | 곰 | |
| 13 tired | 피곤한 | |

| 단어 | 뜻 | 쓰기 |
| --- | --- | --- |
| 14 bathroom | 화장실 | |
| 15 model | 모델 | |
| 16 meet | 만나다 | |
| 17 nurse | 간호사 | |
| 18 rabbit | 토끼 | |
| 19 dancer | 무용수, 댄서 | |
| 20 baker | 제빵사 | |
| 21 look at | ~을 보다 | |
| 22 cute | 귀여운 | |
| 23 interesting | 재미있는 | |
| 24 today | 오늘 | |
| 25 cousin | 사촌 | |

☆ **Word Review**에서 학습한 25개 단어는 워크북 45쪽에서 테스트해 볼 수 있습니다.

CHAPTER

6

# 대명사(2)

| | |
|---|---|
| DAY 17 | 1 인칭대명사의 소유격, 소유대명사<br>2 명사의 소유격, 소유대명사 |
| DAY 18 | 3 지시대명사<br>4 지시형용사 |
| DAY 19 | Review Test<br>Word Review |

DAY 17

# 1. 인칭대명사의 소유격, 소유대명사

인칭대명사가 '~의'라는 의미로 뒤에 나오는 명사에 대한 소유의 관계임을 나타내는 경우 '소유격 (인칭대명사)'이라고 합니다. 따라서 소유격 인칭대명사 뒤에는 항상 명사가 나옵니다.

- I know the man. His **car** is black. 나는 그 남자를 안다. 그의 자동차는 검은색이다.
  (the man 소유의 자동차)

'소유격 + 명사'는 '~의 것'이라는 의미의 소유대명사로 바꿔 쓸 수 있습니다. ▶ 소유대명사 뒤에는 명사가 나오지 않습니다.

- my book → mine (나의 책 → 나의 것)
- your book → yours (너의 책/너희의 책 → 너의 것/너희의 것)
- his book → his (그의 책 → 그의 것)
- her book → hers (그녀의 책 → 그녀의 것)
- our book → ours (우리의 책 → 우리의 것)
- their book → theirs (그들의 책 → 그들의 것)

| | | 소유격 | 소유대명사 |
|---|---|---|---|
| 단수 | 1인칭 | my 나의 | mine 나의 것 |
| | 2인칭 | your 너의[당신의] | yours 너의 것[당신의 것] |
| | 3인칭 | his 그의 | his 그의 것 |
| | | her 그녀의 | hers 그녀의 것 |
| | | its 그것의 | X |
| 복수 | 1인칭 | our 우리의 | ours 우리의 것 |
| | 2인칭 | your 너희의[당신들의] | yours 너희의 것[당신들의 것] |
| | 3인칭 | their 그들의[그것들의] | theirs 그들의 것[그것들의 것] |

정답 및 해설 p. 08

## Quiz

다음 괄호 안에서 알맞은 것을 골라 ○하세요.

1. ( Us / Our ) desk is new. 우리의 책상은 새것이다.
2. The red car is ( her / hers ). 그 빨간색 차는 그녀의 것이다.
3. The bag is ( my / mine ). 그 가방은 나의 것이다.
4. They like ( their / theirs ) teacher. 그들은 그들의 선생님을 좋아한다.
5. The shoemaker makes ( your / yours ) shoes. 그 구두장이가 너의 신발을 만든다.
6. The red caps are ( their / theirs ). 그 빨간 모자들은 그들의 것이다.

# 2. 명사의 소유격, 소유대명사

명사의 소유격과 소유대명사는 아포스트로피(') 다음에 s를 붙여서 나타냅니다.
형태는 같지만 소유격 다음에는 명사가 나온다는 차이점이 있습니다.

| 명사's (~의, ~의 것) | • I have Julia's **bag**. → 소유격 나는 Julia의 가방을 가지고 있다.<br>• The bag is Julia's. → 소유대명사 그 가방은 Julia의 것이다. |
|---|---|

s로 끝나는 명사의 복수형은 아포스트로피(')만 붙여서 소유격, 소유대명사를 나타냅니다.

• My parents' house is in the city. ◎ 소유격 나의 부모님의 집은 도시에 있다.
• The house is my parents'. ◎ 소유대명사 그 집은 나의 부모님의 것이다.

s로 끝나는 단수 명사나 s로 끝나는 고유한 이름을 나타내는 명사는, s로 끝나더라도 아포스트로피(') 다음에 s를 붙여야 합니다.
• princess's ring 공주의 반지, James's house James의 집, Paris's airport 파리의 공항

정답 및 해설 p. 08

다음 우리말 뜻과 같도록 괄호 안에서 알맞은 것을 골라 ○하세요.

1. 그것은 Anna의 필통이다. → It is ( Anna / Anna's ) pencil case.

2. 그것들은 남자아이들의 방이다. → They are ( boys's / boys' ) rooms.

3. 그것들은 어린이들의 장난감이다. → They are ( children's / children' ) toys.

4. 저것은 James의 집이다. → That is ( James' / James's ) house.

5. 코끼리의 코는 길다. → An ( elephant / elephant's ) nose is long.

6. Jenny는 Thomas의 사촌이다. → Jenny is ( Thomas's / Thomas' ) cousin.

7. 그것들은 간호사들의 가위이다. → They are ( nurses's / nurses' ) scissors.

DAY 17

# Build Up

**A** 다음 우리말 뜻과 같도록 빈칸에 알맞은 말을 쓰시오.

• 그것은 그의 재킷이다. → It is ___his___ jacket.

1. 그것들은 우리의 연필이다. → They are __________ pencils.

2. 그것은 그녀의 공이다. → It is __________ ball.

3. Andrew는 그들의 반 친구이다. → Andrew is __________ classmate.

4. 그 남자들은 나의 삼촌들이다. → The men are __________ uncles.

5. 그 빨간 원피스는 그녀의 것이다. → The red dress is __________.

6. 그 신선한 사과들은 나의 것이다. → The fresh apples are __________.

7. 그 큰 집은 그들의 것이다. → The big house is __________.

8. 그 새 가방은 그의 것이다. → The new bag is __________.

9. 그 포크들은 우리의 것이다. → The forks are __________.

10. 그 나무들은 너희의 것이다. → The trees are __________.

**B** 다음 밑줄 친 부분을 바르게 고쳐 쓰세요.

- It hair is white. → Its
  그것의 털은 하얗다.

1. It is he school. → ______
   그것은 그의 학교이다.

2. Emma is me sister. → ______
   Emma는 나의 여동생이다.

3. They are you notebooks. → ______
   그것들은 너희의 공책이다.

4. It is she watch. → ______
   그것은 그녀의 손목시계이다.

5. They are us toys. → ______
   그것들은 우리의 장난감이다.

6. The black coat is him. → ______
   그 검정 코트는 그의 것이다.

7. The umbrella is you. → ______
   그 우산은 너의 것이다.

8. They are students's rooms. → ______
   그것들은 학생들의 방이다.

9. They are childrens' books. → ______
   그것들은 어린이들의 책이다.

10. The toy robot is my. → ______
    그 장난감 로봇은 나의 것이다.

DAY 18

# 3. 지시대명사

지시대명사는 사물, 장소, 사람을 가리키는 대명사로 this와 that이 있습니다.
this는 가까운 것을 가리킬 때 사용하며 '이것/이 사람'의 의미를 나타냅니다.
that은 멀리 있는 것을 가리킬 때 사용하며 '저것/저 사람'의 의미를 나타냅니다.
이들은 주격과 목적격의 형태가 같으며, 각각의 복수형은 these와 those입니다.

| | 주격 | 목적격 |
|---|---|---|
| this<br>these | • This is my computer.<br>이것은 나의 컴퓨터이다.<br>• These are his uncles.<br>이분들은 그의 삼촌들이다. | • I want this.<br>나는 이것을 원한다.<br>• I know these.<br>나는 이것들을 안다. |
| that<br>those | • That is his computer.<br>저것은 그의 컴퓨터이다.<br>• Those are teachers.<br>저 사람들은 선생님들이다. | • He needs that.<br>그는 저것이 필요하다.<br>• She likes those.<br>그녀는 저것들을 좋아한다. |

정답 및 해설 p. 08

다음 우리말 뜻과 같도록 괄호 안에서 알맞은 말을 고르세요.

1. 이것은 나의 그림이다. → ( This / That ) is my picture.
2. 저 사람은 그의 남동생이다. → ( This / That ) is his brother.
3. 저것들은 너의 안경이다. → ( That / Those ) are your glasses.
4. 이것을 받아. → Take ( this / that ).
5. 저분들은 나의 부모님이시다. → ( That / Those ) are my parents.
6. 이것들은 Kate의 강아지들이다. → ( These / Those ) are Kate's puppies.
7. 엄마, 저것 봐요. → Mom, look at ( this / that ).

# 4. 지시형용사

지시대명사 this/these, that/those는 명사 앞에서 명사를 꾸며주는 형용사의 역할도 합니다.
this와 that은 뒤에 단수 명사가 나오고, 각각 '이 ~, 저 ~'의 의미를 나타냅니다.
these와 those는 뒤에 복수 명사가 나오고, 각각 '이 ~들, 저 ~들'의 의미를 나타냅니다.

| | |
|---|---|
| this<br>these | • This girl is my classmate. 이 소녀는 나의 반 친구이다.<br>• These shoes are very strong. 이 신발들은 매우 튼튼하다. |
| that<br>those | • That house is Mike's parents'. 저 집은 Mike의 부모님의 것이다.<br>• Those teachers are my Korean teachers. 저 선생님들은 나의 국어 선생님들이다. |

정답 및 해설 p. 08

다음 우리말 뜻과 같도록 괄호 안에서 알맞은 말을 고르세요.

1. 그녀는 이 곰 인형을 좋아한다. → She likes ( this / that ) teddy bear.

2. 이 방은 지저분하다. → ( This / That ) room is dirty.

3. 저 곰들을 봐. → Look at ( that / those ) bears.

4. 이 사탕들은 달콤하다. → ( These / Those ) candies are sweet.

5. 나는 저 코트를 좋아한다. → I like ( that / those ) coat.

6. 이 영화는 웃기다. → ( This / These ) movie is funny.

7. 저 여성들은 나의 이모들이다. → ( That / Those ) women are my aunts.

8. 나는 저 집에 산다. → I live in ( this / that ) house.

# Build Up

**A** 다음 우리말의 밑줄 친 부분에 해당하는 것을 영어로 써서 문장을 완성하세요.

• 이것은 나의 집이다. → This is my house.

1. 저것은 그녀의 학교이다. → ____________ is her school.

2. 이 신발들은 크다. → ____________ are big.

3. 나는 이 수프를 좋아한다. → I like ____________.

4. 저것들을 보아라. → Look at ____________.

5. 저들은 내 사촌들이다. → ____________ are my cousins.

6. 그녀는 저 책을 원한다. → She wants ____________.

7. 이것들은 그의 양말들이다. → ____________ are his socks.

8. 당신은 지금 이것을 필요로 한다. → You need ____________ now.

9. 저 치마는 나의 것이다. → ____________ is mine.

10. 여러분의 집에서 이것들을 찾아보세요. → Find ____________ in your house.

정답 및 해설 p. 08

## B 다음 문장의 빈칸에 알맞은 말을 괄호 안에서 골라 쓰세요.

- ___This___ is a key. ( This / These ) 이것은 열쇠이다.

1. I want ________ pants. ( that / those ) 나는 저 바지를 원한다.

2. Look at ________ mountain. ( that / those ) 저 산을 보아라.

3. ________ are my classmates. ( This / These ) 이들은 내 반 친구들이다.

4. They study in ________ room. ( that / those ) 그들은 저 방에서 공부한다.

5. ________ is your notebook. ( That / Those ) 저것은 너의 공책이다.

6. ________ cars are very fast. ( This / These ) 이 자동차들은 매우 빠르다.

7. ________ are Lucy's letters. ( That / Those ) 저것들은 Lucy의 편지들이다.

8. ________ bird is cute. ( That / Those ) 저 새는 귀엽다.

9. ________ table is clean. ( This / These ) 이 탁자는 깨끗하다.

10. ________ river is deep. ( That / Those ) 저 강은 깊다.

DAY 19

# Review Test

[1-3] 다음 괄호 안에서 바르게 쓰인 문장을 고르세요.

1 ( It is your picture. / It is mine bag. )

2 ( The shoes are your. / The red cap is hers. )

3 ( Look at those bird. / These are my pants. )

[4-5] 다음 괄호 안에서 알맞은 말을 고르세요.

4 It is ( his / him ) house.

5 They are ( girls' / girls's ) clothes.

6 다음 문장의 빈칸에 알맞은 대명사의 형태를 쓰세요.

> I know the boy. ________ name is Samuel.

→ ____________

7 다음 문장의 빈칸에 알맞은 말을 고르세요.

> The jackets are ________.

① they ② their
③ theirs ④ them

[8-10] 다음 중 밑줄 친 부분이 잘못된 문장을 고르세요.

8 ① The bag is her.
② The flowers are his.
③ The chairs are theirs.
④ The jeans are yours.

9 ① It is my father's car.
② She is Helen's friend.
③ They are mens' shoes.
④ They are students' books.

10 ① This is an umbrella.
② I need this spoon.
③ These are my uncles.
④ That pants are good.

[11-14] 다음 우리말 뜻과 같도록 괄호 안에서 알맞은 말을 고르세요.

11 
> 그녀의 눈은 매우 크다.

→ ( Her / Hers ) eyes are very big.

정답 및 해설 p. 08

**12** 그 탁자는 너희의 것이다.

→ The table is ( your / yours ).

**13** 아이들의 의자를 사용하세요.

→ Use ( children's / childrens' ) chairs, please.

**14** 이 교실은 매우 깨끗하다.

→ ( This / These ) classroom is very clean.

[15-16] 다음 우리말 뜻과 같도록 밑줄 친 부분을 바르게 고쳐 전체 문장을 다시 쓰세요.

**15** 그것은 나의 여동생들의 학교이다.

→ It is my <u>sisters's</u> school.

→ ____________________

**16** 나는 이 옷을 좋아한다.

→ I like <u>this</u> clothes.

→ ____________________

[17-18] 다음 우리말 뜻과 같도록 빈칸에 알맞은 말을 쓰세요.

**17** 그 개는 나의 것이다. 그것의 다리는 짧다.

→ The dog is ________.

________ legs are short.

**18** 저 신발은 예쁘다. 그것들은 Joe의 것이다.

→ ________ shoes are pretty.

They are ________.

**중학교 시험에는 이렇게!**

| 서울 ○○중 응용 |

**19** 다음 빈칸에 들어갈 말을 쓰세요.

Hello, everyone! I am Jiwon. I live in Seoul. (1) ______ father is a good cook and (2) ______ mother is a designer. (3) ______ are very nice. I love (4) ______.

| 인천 ○○중 응용 |

**20** 다음 표를 보고 소라를 소개하는 글을 완성하세요.

| 이름 | Sora | 출신지 | Seoul |
|---|---|---|---|
| 별명 | pumpkin | 성격 | kind |

This is my friend, Sora.

(1) ________ is from Seoul.

(2) ________ nickname is 'panda'.

(3) ________ is kind.

We like (4) ________ very much.

DAY 19

# Word Review

다음은 **Chapter 6**에 사용된 주요 단어입니다.
소리 내어 읽으면서 써보세요.

| 단어 | 뜻 | 쓰기 |
|---|---|---|
| 1 airport | 공항 | |
| 2 children | 아이들 (child의 복수) | |
| 3 princess | 공주 | |
| 4 jacket | 재킷 | |
| 5 classmate | 반 친구 | |
| 6 watch | 손목시계; 보다 | |
| 7 coat | 코트 | |
| 8 robot | 로봇 | |
| 9 teddy bear | 테디베어 (곰인형) | |
| 10 dirty | 더러운 | |
| 11 sweet | 달콤한 | |
| 12 funny | 우스운 | |
| 13 aunt | 이모, 아주머니 | |

| 단어 | 뜻 | 쓰기 |
|---|---|---|
| 14 movie | 영화 | |
| 15 dress | 원피스 | |
| 16 skirt | 치마 | |
| 17 study | 공부하다 | |
| 18 letter | 편지 | |
| 19 deep | 깊은; 깊이 | |
| 20 river | 강 | |
| 21 bird | 새 | |
| 22 short | 키가 작은, 짧은 | |
| 23 clothes | 옷 | |
| 24 student | 학생 | |
| 25 mountain | 산 | |

☆ **Word Review**에서 학습한 25개 단어는 워크북 54쪽에서 테스트해 볼 수 있습니다.

# be동사(1)

DAY 20

# 1. 명사/인칭대명사와 be동사

be동사는 '~이다, ~에 있다'의 의미를 나타내며, 주어에 따라 am, are, is로 형태가 달라집니다.

◎ 주어가 명사일 때

| | | |
|---|---|---|
| 단수명사 | is | **A horse** is an animal. 말은 동물이다. |
| 복수명사 | are | • **Ants** are insects. 개미는 곤충이다.<br>• **Jim and Tom** are swimmers. Jim과 Tom은 수영선수이다. |

◎ 주어가 인칭대명사일 때

| | | |
|---|---|---|
| I | am | **I** am a good swimmer. 나는 수영을 잘한다. |
| you | are | **You** are my friend. 너는 나의 친구이다. |
| he / she / it | is | **She** is at home. 그녀는 집에 있다. |
| we / you / they | are | **We** are tennis players. 우리는 테니스 선수이다. |

「인칭대명사 + be동사」는 아포스트로피(')를 사용하여 다음과 같이 줄여 쓸 수 있습니다.

| I am | you are | he is | she is | it is | we are | they are |
|---|---|---|---|---|---|---|
| **I'm** | **you're** | **he's** | **she's** | **it's** | **we're** | **they're** |

• I am Peter. = I'm Peter. 나는 Peter이다.
• It is her dog. = It's her dog. 그것은 그녀의 개다. ◎ 소유격 인칭대명사 its(그것의)와 혼동하지 않도록 합니다.
• They are my aunts. = They're my aunts. 그들은 나의 이모들이다.

## Quiz

정답 및 해설 p. 09

다음 괄호 안에서 알맞은 말을 골라 빈칸에 쓰세요.

1. A snail ________________ very slow. ( am / is ) 달팽이는 매우 느리다.

2. An elephant ________________ an animal. ( am / is ) 코끼리는 동물이다.

3. Bananas ________________ delicious. ( am / are ) 바나나는 맛있다.

4. I ________________ busy now. ( am / is ) 나는 지금 바쁘다.

5. You ________________ late for school. ( is / are ) 너는 학교에 늦는다.

6. He ________________ a good singer. ( is / am ) 그는 훌륭한 가수이다.

7. She ________________ a cook. ( is / are ) 그녀는 요리사이다.

8. It ________________ my wallet. ( am / is ) 그것은 나의 지갑이다.

9. We ________________ in the classroom. ( is / are ) 우리는 교실에 있다.

10. They ________________ thirsty. ( is / are ) 그들은 목이 마르다.

11. ________________ from Korea. ( I'm / I'am ) 나는 한국에서 왔다.

12. ________________ a firefighter. ( He's / He'is ) 그는 소방관이다.

13. ________________ on the table. ( It's / Its ) 그것은 탁자 위에 있다.

14. ________________ my friends. ( Your'e / You're ) 너희는 나의 친구들이다.

DAY 20

# Build Up

**A** 다음 문장의 빈칸에 is와 are 중 알맞은 것을 골라 쓰세요.

- It ______is______ your dog. 그것은 너의 개다.

1. The butterfly ____________ beautiful. 그 나비는 아름답다.

2. The bags ____________ very heavy. 그 가방들은 매우 무겁다.

3. We ____________ in Canada. 우리는 캐나다에 있다.

4. She ____________ Joan's aunt. 그녀는 Joan의 이모이다.

5. The boys ____________ angry. 그 소년들은 화가 났다.

6. They ____________ her pants. 그것들은 그녀의 바지이다.

7. You ____________ lazy. 너는 게으르다.

8. It ____________ a new chair. 그것은 새 의자이다.

9. The comic book ____________ fun. 그 만화책은 재미있다.

10. He ____________ in Karen's house. 그는 Karen의 집에 있다.

정답 및 해설 p. 09

**B** 다음 우리말에 맞게 '주어 + be동사'를 써서 문장을 완성하세요.

- 그것들은 곤충이다. → They are insects.

1. 그는 학생이다. → ______ a student.

2. 우리는 매우 행복하다. → ______ very happy.

3. 그 고양이는 소파에 있다. → ______ on the sofa.

4. 그들은 똑똑하다. → ______ smart.

5. 그녀는 화가이다. → ______ a painter.

6. 나는 9살이다. → ______ nine years old.

7. 그것은 나의 목도리다. → ______ my scarf.

8. 그녀는 용감하다. → ______ brave.

9. 그 모자는 그녀의 것이다. → ______ hers.

10. 그 남자는 친절하다. → ______ kind.

# 2. 지시대명사와 be동사

◎ 주어가 지시대명사일 때

| | | |
|---|---|---|
| this / that | is | • **This** is an umbrella. 이것은 우산이다.<br>• **That** is my uncle. 저분은 나의 삼촌이다. |
| these / those | are | • **These** are her shoes. 이것들은 그녀의 신발이다.<br>• **Those** are my parents. 저분들은 나의 부모님이다. |

「지시대명사 + be동사」 중에서는 that is만 아포스트로피(')를 사용하여 줄여 쓸 수 있습니다.

• **That is** my cousin. = That's my cousin. 저 사람은 나의 사촌이다.

◎ 주어가 「지시형용사 + 명사」일 때

| | | |
|---|---|---|
| this / that<br>+ 단수 명사 | is | • **This bag** is my sister's. 이 가방은 나의 여동생의 것이다.<br>• **That boy** is my brother. 저 소년은 나의 남동생이다. |
| these / those<br>+ 복수 명사 | are | • **These movies** are interesting. 이 영화들은 재미있다.<br>• **Those women** are my aunts. 저 여성들은 나의 이모들이다. |

## Quiz

정답 및 해설 p. 09

**A** 다음 주어에 알맞은 be동사를 선으로 연결하세요.

1. this •
2. that •
3. these •
4. those •
5. this book •
6. these flowers •

• is

• are

**B** 다음 괄호 안에서 알맞은 말을 골라 ○하세요.

1. That ( am / is ) a watermelon. 저것은 수박이다.

2. These ( is / are ) my photos. 이것들은 나의 사진들이다.

3. Those ( is / are ) old trees. 저것들은 오래된 나무이다.

4. This ( is / are ) a tulip. 이것은 튤립이다.

5. Those books ( is / are ) his. 저 책들은 그의 것이다.

6. This bridge ( is / are ) long. 이 다리는 길다.

7. That child ( is / are ) hungry. 저 아이는 배고프다.

8. ( That's / This's ) my book. 저것은 나의 책이다.

9. ( Those're / Those are ) sweet cookies. 저것들은 달콤한 쿠키이다.

10. ( These're / These are ) her children. 이들은 그녀의 아이들이다.

DAY 21

# Build Up

**A** 다음 문장의 빈칸에 is와 are 중 알맞은 것을 골라 쓰세요.

- That ____is____ a drum. 저것은 북이다.

1. Those bags __________ mine. 저 가방들은 나의 것이다.
2. These __________ toy cars. 이것들은 장난감 자동차이다.
3. These __________ my friends. 이들은 나의 친구들이다.
4. This bowl __________ yours. 이 그릇은 너의 것이다.
5. These scissors __________ your brother's. 이 가위는 너의 남동생의 것이다.
6. This __________ an old building. 이것은 오래된 빌딩이다.
7. Those windows __________ clean. 저 창문들은 깨끗하다.
8. That __________ her father. 저분은 그녀의 아버지이다.
9. These fish __________ beautiful. 이 물고기들은 아름답다.
10. Those __________ airplanes. 저것들은 비행기들이다.

**B** 다음 밑줄 친 부분을 바르게 고쳐 빈칸에 쓰세요.

- These pictures is wonderful. → are
  이 그림들은 훌륭하다.

1. This room are very dark. → ________
   이 방은 매우 어둡다.

2. Those benches is strong. → ________
   저 벤치들은 튼튼하다.

3. That are very funny. → ________
   저것은 매우 재미있다.

4. Those is her babies. → ________
   저들은 그녀의 아기들이다.

5. This's your hat. → ________
   이것은 너의 모자이다.

6. Those're our keys. → ________
   저것들은 우리의 열쇠이다.

7. That boy are on the grass. → ________
   저 소년은 잔디 위에 있다.

8. These ponds is nice. → ________
   이 연못들은 멋지다.

9. This are a famous actor. → ________
   이 사람은 유명한 배우이다.

10. These is my grandfather's shoes. → ________
    이것들은 나의 할아버지의 신발이다.

# DAY 22 Review Test

[1-2] 다음 빈칸에 알맞은 be동사를 쓰세요.

1 You _________ very strong.

2 These bags _________ nice.

[3-5] 다음 문장의 밑줄 친 부분을 바르게 줄여 쓰세요.

3 They are very tall.

→ ________________

4 It is a new cap.

→ ________________

5 That is my camera.

→ ________________

6 다음 문장의 빈칸에 공통으로 알맞은 말을 고르세요.

• She _________ my teacher.
• Your dog _________ black.

① am ② is
③ are ④ a

[7-8] 다음 중 빈칸에 들어갈 be동사의 형태가 나머지 셋과 다른 것을 고르세요.

7 ① That _________ a pilot.
② The door _________ small.
③ This _________ her photo.
④ The children _________ sleepy.

8 ① My pencil _________ long.
② Those jeans _________ cheap.
③ Ed and Sam _________ friends.
④ The apples _________ sweet.

9 다음 밑줄 친 부분의 뜻이 나머지 셋과 다른 것을 고르세요.

① Jake is very smart.
② She is in the kitchen.
③ The doll is cute.
④ It is a good book.

[10-11] 다음 문장의 빈칸에 알맞지 않은 말을 고르세요.

10 _________ are kind.

① They ② My sister
③ The men ④ Amy and Jim

정답 및 해설 p. 09

11 ________ is nice.

① He ② It
③ This music ④ Those cars

[12-13] 다음 우리말과 같도록 괄호 안에서 알맞은 말을 고르세요.

12 그 상자는 매우 무겁다.

→ The box ( am / is ) very heavy.

13 이 사진들은 그녀의 것이다.

→ These photos ( is / are ) hers.

[14-16] 다음 문장의 밑줄 친 부분을 줄여서 문장을 다시 쓰세요.

14 I am very happy.

→ ________________

15 You are a painter.

→ ________________

16 He is in the bedroom.

→ ________________

[17-18] 다음 밑줄 친 부분을 바르게 고쳐 전체 문장을 다시 쓰세요.

17 Jimmy and his brother is at home.

→ ________________

18 Those is your socks.

→ ________________

**중학교 시험에는 이렇게!**

| 서울 ○○중 응용 |

[19-20] 다음 중 잘못된 문장을 고르세요.

19 ① We are good friends.
② A ladybug is an insect.
③ His brothers are tall.
④ Lily and I am very busy.
⑤ They are in the kitchen.

| 수원 ○○중 응용 |

20 ① That man is busy.
② These is Jim's balls.
③ This cookie is delicious.
④ Those books are funny.
⑤ These shoes are nice.

DAY 22

# Word Review

다음은 **Chapter 7**에 사용된 주요 단어입니다.
소리 내어 읽으면서 써보세요.

| 단어 | 뜻 | 쓰기 | 단어 | 뜻 | 쓰기 |
|---|---|---|---|---|---|
| 1 insect | 곤충 | | 14 painter | 화가 | |
| 2 at home | 집에서 | | 15 brave | 용감한 | |
| 3 snail | 달팽이 | | 16 scarf | 목도리 | |
| 4 animal | 동물 | | 17 smart | 똑똑한 | |
| 5 late | 늦은 | | 18 photo | 사진 | |
| 6 wallet | 지갑 | | 19 bridge | 다리 | |
| 7 thirsty | 목마른 | | 20 building | 건물 | |
| 8 delicious | 맛있는 | | 21 dark | 어두운 | |
| 9 heavy | 무거운 | | 22 famous | 유명한 | |
| 10 ladybug | 무당벌레 | | 23 busy | 바쁜 | |
| 11 lazy | 게으른 | | 24 sleepy | 졸린 | |
| 12 comic book | 만화책 | | 25 cheap | 값싼 | |
| 13 fun | 재미있는 | | | | |

☆ **Word Review**에서 학습한 25개 단어는 워크북 63쪽에서 테스트해 볼 수 있습니다.

# be동사(2)

DAY 23

# 1. be동사의 부정문

'~이 아니다, ~에 없다'라는 의미의 부정문을 나타낼 경우, be동사 다음에 not을 붙입니다.

| | |
|---|---|
| am not | I am not a scientist. 나는 과학자가 아니다. |
| are not | • Bob and Liz are not students. Bob과 Liz는 학생이 아니다.<br>• You are not hungry. 너는 배가 고프지 않다.<br>• These are not my parents. 이분들은 나의 부모님이 아니다.<br>• Those shoes are not mine. 저 신발은 나의 것이 아니다. |
| is not | • The tree is not tall. 그 나무는 키가 크지 않다.<br>• She is not in the bedroom. 그녀는 침실에 있지 않다.<br>• That is not her book. 저것은 그녀의 책이 아니다. |

is not과 are not은 각각 isn't와 aren't의 형태로 줄여 쓸 수 있습니다. 하지만, am not은 줄여서 쓰지 않습니다.

• It **is not** a good movie = It isn't a good movie. 그것은 좋은 영화가 아니다.

• You **are not** busy. = You aren't busy. 너는[너희는] 바쁘지 않다.

정답 및 해설 p. 10

**A** 다음 괄호 안에서 알맞은 말을 골라 ○하세요.

1. The car ( is not / are not ) red. 그 차는 빨간색이 아니다.

2. The boys ( am not / are not ) nine years old. 그 소년들은 아홉 살이 아니다.

3. Mike and Sarah ( is not / are not ) full. Mike와 Sarah는 배부르지 않다.

4. I ( am not / not am ) her sister. 나는 그녀의 여동생이 아니다.

5. Your shoes ( is not / are not ) clean. 너의 신발은 깨끗하지 않다.

6. Those ( is not / are not ) his boxes. 저것들은 그의 상자가 아니다.

7. These ( is not / are not ) fruit. 이것들은 과일이 아니다.

8. These rooms ( is not / are not ) dirty. 이 방들은 더럽지 않다.

9. Your book ( is not / are not ) in my bag. 너의 책은 내 가방 안에 있지 않다.

10. That movie ( is not / are not ) interesting. 저 영화는 재미없다.

**B** 다음 괄호 안에 주어진 표현을 빈칸에 바르게 줄여 쓰세요.

1. This cat __________________ black. (is not) 이 고양이는 검은색이 아니다.

2. You __________________ weak. (are not) 너는 몸이 약하지 않다.

3. He __________________ a doctor. (is not) 그는 의사가 아니다.

4. These __________________ flowers. (are not) 이것들은 꽃이 아니다.

5. They __________________ fast. (are not) 그들은[그것들은] 빠르지 않다.

DAY 23

# Build Up

**A** 다음 우리말 뜻과 같도록 빈칸에 알맞은 말을 쓰세요.

• 이 탑은 높지 않다. → This tower ___is___ ___not___ tall.

1. 그것들은 망고가 아니다.
   → They __________ __________ mangoes.

2. 나는 학생이 아니다.
   → I __________ __________ a student.

3. 너는 게으르지 않다.
   → You __________ __________ lazy.

4. 그 소년은 졸리지 않다.
   → The boy __________ __________ sleepy.

5. 그것은 동물이 아니다.
   → It __________ __________ an animal.

6. 그는 Sally의 남동생이 아니다.
   → He __________ __________ Sally's brother.

7. 우리는 학교에 있지 않다.
   → We __________ __________ at school.

8. 그것은 고래가 아니다.
   → It __________ __________ a whale.

9. 저것들은 너의 운동화가 아니다.
   → Those __________ __________ your sneakers.

10. Ed와 Ron은 야구선수가 아니다.
    → Ed and Ron __________ __________ baseball players.

정답 및 해설 p. 10

**B** 다음 문장을 부정문으로 바꿔 쓰세요. 단, 'be동사 + not'의 줄임말이 가능한 경우에는 줄여 쓰세요.

- It is a lake. → It isn't a lake.
  그것은 호수이다.

1. I am hungry now. → ______________
   나는 지금 배가 고프다.

2. Her daughters are busy. → ______________
   그녀의 딸들은 바쁘다.

3. She is a famous singer. → ______________
   그녀는 유명한 가수이다.

4. Those are Jack's pencils. → ______________
   저것들은 Jack의 연필이다.

5. He is handsome. → ______________
   그는 잘생겼다.

6. These oranges are sweet. → ______________
   이 오렌지들은 달콤하다.

7. That is our puppy. → ______________
   저것은 우리의 강아지이다.

8. They are nice cars. → ______________
   그것들은 멋진 자동차이다.

9. Kevin is fast. → ______________
   Kevin은 빠르다.

10. Susie and Ed are kind. → ______________
    Susie와 Ed는 친절하다.

DAY 24

# 2. be동사의 의문문 (1)

'~이니?, ~에 있니?'라는 의문문을 나타낼 경우, be동사와 주어의 순서를 바꾸어 표현합니다.
I am a student.의 경우, 주어 I와 be동사 am의 순서를 바꿔 Am I a student?가 됩니다.
주어와 be동사의 종류에 따라 다음과 같이 정리할 수 있습니다.

| 「be동사 + 주어 ~?」 | 인칭대명사 주어 | • Am I his student? 제가 그의 학생인가요?<br>• Are they at the mall? 그들이 쇼핑몰에 있니?<br>• Is he a math teacher? 그는 수학 선생님이니? |
|---|---|---|
| | 지시대명사 주어 | • Is this a mango? 이것은 망고니?<br>• Are those your teachers? 저분들이 너의 선생님들이니? |

이때, this/that, these/those가 지시형용사로서 뒤에 명사와 함께 쓰이는 경우, 명사의 수에 따라 is(명사가 단수)를 쓸지 are(명사가 복수)를 쓸지 결정합니다.
• Is this book yours? 이 책은 너의 것이니?
• Are those men your uncles? 저 남자들은 너의 삼촌들이니?

정답 및 해설 p. 10

**A** 다음 문장에서 주어는 ○로 표시하고, be동사는 밑줄을 그으세요.

1. Is it your dress?
그것은 너의 원피스니?

2. Are their hats blue?
그들의 모자는 파란색이니?

3. Is he at home?
그는 집에 있니?

4. Is this pen yours?
이 펜은 너의 것이니?

5. Are these your sons?
이들은 당신의 아들들인가요?

6. Are you in the classroom?
너희들은 교실에 있니?

**B** 다음 괄호 안에서 알맞은 말을 골라 ○하세요.

1. ( Is the tigers / Are the tigers ) big? 그 호랑이들은 크니?
2. ( Is your sister / Are your sister ) a student? 너의 언니는 학생이니?
3. ( Is you / Are you ) in Chicago? 너는 시카고에 있니?
4. ( Am those / Are those ) insects? 저것들은 곤충들이니?

# 3. be동사의 의문문 (2)

be동사를 사용한 의문문에 대해 yes 또는 no로 대답할 수 있습니다. 이때, 주어는 대명사로 씁니다.

◎ 인칭대명사가 주어일 때 의문문과 대답

| be동사 + 주어 ~? | 긍정의 대답 | 부정의 대답 |
|---|---|---|
| Am I ~? | Yes, you are. | No, you aren't. (또는 No, you're not.) |
| Are you ~? | Yes, I am. / Yes, we are. | No, I'm not./ No, we aren't. (또는 No, we're not.) |
| Is he/she/it ~? | Yes, he/she/it is. | No, he/she/it isn't. 또는 No, he's/ she's/it's not. |
| Are we ~? | Yes, we are. / Yes, you are. | No, we aren't. (또는 No, we're not.) / No, you aren't. (또는 No, you're not.) |
| Are they ~? | Yes, they are. | No, they aren't. (또는 No, they're not.) |

Am I ~?, Are you ~?, Are we ~?로 질문할 경우, 대답을 하는 사람이 누구인지 이해한 후 적절한 대명사를 씁니다.

◎ 지시대명사가 주어일 때 의문문과 대답

| be동사 + 주어 ~? | 긍정의 대답 | 부정의 대답 |
|---|---|---|
| Is this/that ~? | Yes, it is. | No, it isn't. (또는 No, it's not.) |
| Are these/those ~? | Yes, they are. | No, they aren't. (또는 No, they're not. ) |

## Quiz

정답 및 해설 p. 10

다음 빈칸에 알맞은 인칭대명사를 쓰세요.

1. A: Am I pretty? 내가 예쁜가요? B: Yes, ____________ are.
2. A: Is he your son? 그는 너의 아들이니? B: Yes, ____________ is.
3. A: Are you the same age? 너희들은 나이가 같니? B: Yes, ____________ are.
4. A: Is this pen yours? 이 펜은 너의 것이니? B: Yes, ____________ is.
5. A: Are those Brian's uncles? 저들은 Brian의 삼촌들이니? B: Yes, ____________ are.

# Build Up

**A** 다음 우리말 뜻과 같도록 빈칸에 알맞은 말을 쓰세요.

• 그는 귀엽니? → Is he cute?

1. 그녀는 너의 이모이시니? → ______ ______ your aunt?

2. 저것은 그의 학교니? → ______ ______ his school?

3. 이것은 그의 유니폼이니? → ______ ______ his uniform?

4. 그것은 너의 컴퓨터니? → ______ ______ your computer?

5. 그는 그들의 선생님이니? → ______ ______ their teacher?

6. 너는 이탈리아에서 왔니? → ______ ______ from Italy?

7. 내가 맞나요? → ______ ______ right?

8. 저것들이 당신의 것이에요? → ______ ______ yours?

9. 이것들은 달팽이니? → ______ ______ snails?

10. 그들은 너의 부모님이니? → ______ ______ your parents?

정답 및 해설 p. 10

**B** 다음 의문문에 대한 알맞은 답에 ✓하세요.

| | | |
|---|---|---|
| • Is that your sweater?<br>저것은 너의 스웨터이니? | ① Yes, that is. | ✓② No, it isn't. |

1. Is that girl Anna? 저 소녀가 Anna니? — ① Yes, she is. ② No, she is.

2. Are you OK? 너는 괜찮니? — ① Yes, I am. ② Yes, you are.

3. Is it your hat? 그것은 너의 모자니? — ① Yes, it isn't. ② No, it isn't.

4. Are the cats in the garden? 그 고양이들은 정원에 있니? — ① Yes, they are. ② No, they are.

5. Are those your glasses? 저것들은 너의 안경이니? — ① Yes, those are. ② No, they aren't.

6. Is Chris a tennis player? Chris는 테니스 선수니? — ① Yes, he isn't. ② No, he isn't.

7. Is that your bag? 저것은 너의 가방이니? — ① Yes, it is. ② No, I'm not.

8. Are you ready? 너희들은 준비되었니? — ① Yes, we are. ② No, you aren't.

9. Is this your skirt? 이것은 너의 치마니? — ① Yes, I am. ② No, it isn't.

10. Are we late? 우리가 늦었나요? — ① Yes, they are. ② No, we aren't.

DAY 25

# Review Test

1 다음 중 밑줄 친 부분이 잘못된 것을 고르세요.

① I am not angry.

② She is not a writer.

③ These are not pens.

④ You is not my friend.

2 다음을 부정문으로 바꿀 때, ①~③ 중 not이 들어갈 위치로 알맞은 곳을 고르세요.

① Lily ② is ③ my classmate.

[3-4] 다음 우리말과 뜻이 같도록 빈칸에 알맞은 것을 고르세요.

3 우리는 바쁘지 않다.

→ We ________ busy.

① is

② are

③ isn't

④ aren't

4 이것은 곤충이 아니다.

→ This ________ an insect.

① are

② am not

③ isn't

④ aren't

[5-6] 다음 의문문에 대한 대답을 완성하세요.

5 Is your brother sick?

→ No, ________ ________.

6 Are Kate and Susie at school?

→ Yes, ________ ________.

[7-8] 다음 괄호 안에서 알맞은 것을 고르세요.

7 Those glasses ( isn't / aren't ) mine.

8 A: Are ( you and Beth / Beth and Olivia ) cousins?

B: Yes, we are.

[9-10] 다음 대화의 빈칸에 알맞은 말을 쓰세요.

9 A: Is that your bag?

B: Yes, ________ is.

→ ________________

10 A: Are ________ a singer?

B: Yes, I am.

→ ________________

[11-12] 다음 중 밑줄 친 부분이 잘못된 문장을 고르세요.

**11** ① It isn't a picture.
② Those isn't horses.
③ The boy isn't full.
④ They aren't doctors.

**12** ① Is this desk yours?
② Are they his cats?
③ Is the ladies beautiful?
④ Are Sue and Jack kind?

[13-14] 다음 문장을 괄호 안의 지시대로 바꿔 쓰세요.

**13**

These are interesting books.
(부정문으로)

→ ____________________

**14**

This sweater is warm.
(의문문으로)

→ ____________________

**15** 다음 대화의 빈칸에 알맞은 말을 쓰세요.

A: Are these her children?
B: No, ________ ________.

[16-17] 다음 우리말 뜻과 같도록 빈칸에 알맞은 말을 쓰세요.

**16**

Carol은 나의 여동생이 아니다.

→ Carol ________ my sister.

**17**

저것들은 그의 청바지니?

→ ________ ________ his jeans?

**18** 다음 우리말 뜻과 같도록 주어진 말을 배열하세요.

너의 어머니는 선생님이시니?

( your / is / a / teacher / mother / ? )

→ ____________________

**중학교 시험에는 이렇게!**

| 인천 ○○중 응용 |

[19-20] 다음 중 잘못된 문장을 고르세요.

**19** ① You aren't fat.
② That isn't a spider.
③ Those aren't his gloves.
④ Bob and Chris isn't weak.
⑤ We aren't Koreans.

| 수원 ○○중 응용 |

**20** ① Am I late?
② Are you angry?
③ Are it your puppy?
④ Are Karen and I good friends?
⑤ Is your father a teacher?

DAY 25

# Word Review

다음은 **Chapter 8**에 사용된 주요 단어입니다.
소리 내어 읽으면서 써보세요.

| 단어 | 뜻 | 쓰기 |
|---|---|---|
| 1 scientist | 과학자 | |
| 2 bedroom | 침실 | |
| 3 clean | 깨끗한 | |
| 4 fruit | 과일 | |
| 5 interesting | 재미있는 | |
| 6 weak | 약한 | |
| 7 whale | 고래 | |
| 8 sneakers | 운동화 | |
| 9 baseball | 야구 | |
| 10 lake | 호수 | |
| 11 daughter | 딸 | |
| 12 classroom | 교실 | |
| 13 same | 같은 | |

| 단어 | 뜻 | 쓰기 |
|---|---|---|
| 14 age | 나이 | |
| 15 sweater | 스웨터 | |
| 16 full | 배가 부른, 가득 찬 | |
| 17 ready | 준비된 | |
| 18 Italy | 이탈리아 | |
| 19 writer | 작가 | |
| 20 cousin | 사촌 | |
| 21 sick | 아픈 | |
| 22 warm | 따뜻한 | |
| 23 spider | 거미 | |
| 24 glove | 장갑 | |
| 25 handsome | 잘생긴 | |

☆ **Word Review**에서 학습한 25개 단어는 워크북 72쪽에서 테스트해 볼 수 있습니다.

Finals

DAY 26

# Finals

[1-2] 다음 괄호 안에서 알맞은 것을 고르세요.

1 ( They are / It is ) glasses.

2 ( It's / Its ) tail is long.

3 다음 문장의 빈칸에 알맞지 않은 것을 고르세요.

Julia sees ________ every day.

① him ② her ③ me ④ we

4 다음 밑줄 친 부분이 잘못된 것을 고르세요.

① It is their school.

② That house is his.

③ Those are doctors' bags.

④ Ours room is very small.

[5-6] 다음 문장의 빈칸에 알맞은 인칭대명사를 쓰세요.

5 I like you and Henry.
________ are my best friends.

6 Ms. Brown is my music teacher.
I like ________.

[7-8] 다음 우리말 뜻과 같도록 빈칸에 알맞은 말을 쓰세요.

7 Joy는 크리스마스에 그녀의 부모님을 방문한다. 그들은 그녀를 매우 사랑한다.

→ Joy visits her parents on Christmas. ________ love ________ very much.

8 그 분홍색 의자는 Anna의 것이다. 그것은 거실에 있다.

→ The pink chair is ________. ________ is in the living room.

[9-11] 다음 중 밑줄 친 부분이 잘못된 문장을 고르세요.

9 ① The men are my uncles.

② They are his scissors.

③ The black sneakers are his.

④ They are womens' skirts.

10 ① The big mirror is hers.

② The guitar is yours.

③ The green bag is my.

④ Its mouth is big.

정답 및 해설 p. 11

11 ① I like those jeans.
② This movie is interesting.
③ That melons are very sweet.
④ He likes these sandwiches.

[12-13] 다음 문장을 아래와 같이 바꿔 쓸 때 빈칸에 알맞은 소유대명사를 쓰세요.

12 This is their building.

→ This building is ___________.

13 Those are his boots.

→ Those boots are ___________.

14 다음 우리말 뜻과 같도록 빈칸에 알맞은 말을 쓰세요.

이 책들은 나에게 어렵다.

→ _________ _________ are difficult for me.

15 다음 중 밑줄 친 부분이 잘못된 문장을 고르세요.
① This cheese is delicious.
② Her babies are cute.
③ I am sick today.
④ You and your sister is tired.

16 다음 중 빈칸에 들어갈 be동사의 형태가 나머지 셋과 다른 것을 고르세요.
① This candle _________ beautiful.
② That man _________ gentle.
③ These puppies _________ mine.
④ That _________ a bathroom.

17 다음 밑줄 친 부분의 뜻이 나머지 셋과 다른 것을 고르세요.
① Bees are on the flower.
② A sheep is on the hill.
③ He is on the bus.
④ They are plants.

[18-20] 다음 문장에서 밑줄 친 부분을 바르게 고쳐 전체 문장을 다시 쓰세요.

18 These bags is very pretty.

→ ______________________________

19 Is Julie and Steve busy?

→ ______________________________

20 The women isn't angry.

→ ______________________________

정답 및 해설 p. 11

[21-22] 다음 우리말 뜻과 같도록 괄호 안에 주어진 말을 사용하여 문장을 쓰세요.

21 이것들은 그의 장난감이다.
(toys, these)

→ ______________________

22 저 고양이들은 우리의 것이다.
(those, cats)

→ ______________________

23 다음 우리말 뜻과 같도록 문장의 빈칸에 알맞은 말을 고르세요.

George는 따분하지 않다.
→ George ________ bored.

① is ② am not
③ aren't ④ isn't

[24-25] 다음 의문문에 대한 대답으로 알맞은 것을 고르세요.

24 Are you and Bob friends?

① Yes, I am. ② Yes, we are.
③ Yes, you are. ④ No, they aren't.

25 Am I your student?

① Yes, I am. ② No, you aren't.
③ Yes, he is. ④ No, we aren't.

[26-27] 다음 주어진 문장을 부정문으로 바꿔 쓰세요.

26 I am hungry now.

→ ______________________

27 You are his students.

→ ______________________

[28-29] 다음 주어진 문장을 의문문으로 바꿔 쓰세요.

28 These cars are fast.

→ ______________________

29 Those are his sons.

→ ______________________

30 다음 우리말 뜻과 같도록 괄호 안에 주어진 말을 사용하여 영작하세요.

저 연필들은 Jack의 것이 아니다.
(pencils, Jack's)

→ ______________________

# Overall Test

DAY 27

# Overall Test 1회

**1** 다음 중 밑줄 친 부분의 품사가 나머지 셋과 다른 것을 고르세요.

① Mike is tall.

② Judy is pretty.

③ Katie likes tennis.

④ Anne is cute.

[2-3] 다음 명사의 복수형을 쓰세요.

**2** potato → ____________

**3** wolf → ____________

**4** 다음 괄호 안에서 알맞은 것을 고르세요.

I need seven ( soap / fish ).

**5** 다음 문장에서 잘못된 부분을 한 군데 찾아 바르게 고쳐 전체 문장을 다시 쓰세요.

I wear white pant.

→ ____________________________

**6** 다음 빈칸에 들어갈 말로 알맞지 않은 것을 고르세요.

Lisa drinks a glass of ______.

① water ② juice

③ milk ④ rice

**7** 다음 빈칸에 들어갈 말이 바르게 짝지어진 것을 고르세요. (단, 들어갈 말이 없으면 ×)

- My dad is ______ English teacher.
- She is ______ kind woman.
- Joe plays ______ piano every day.

① an – a – the ② a – the – ×

③ a – an – the ④ an – a – ×

**8** 다음 중 밑줄 친 부분이 잘못된 문장을 고르세요.

① I see the moon in the sky.

② The sun is in the east.

③ He plays the soccer after school.

④ I practice the cello at 3:30.

**9** 다음 우리말 뜻과 같도록 주어진 말을 사용하여 영작하세요. (단, 필요한 경우 형태를 바꿀 것)

나는 그 장난감들을 좋아한다. (like, toy)

→ ____________________________

**10** 다음 우리말 뜻과 같도록 잘못된 부분을 한 군데 찾아 고쳐 전체 문장을 다시 쓰세요.

Mark eats two bowl of rice.
(Mark는 밥을 두 그릇 먹는다.)

→ ____________________________

[11-12] 다음 빈칸에 들어갈 말로 알맞은 것을 고르세요.

**11**

_______ are so smart.

① You ② He
③ I ④ She

**12**

Kevin eats cookies.
He likes _______.

① it ② they
③ them ④ him

**13**

The pencil case is _______.

① my ② yours
③ I ④ she

**14** 다음 중 밑줄 친 부분이 잘못된 것을 고르세요.

① This is a giraffe.
② These is a penguin.
③ That is a lion.
④ Those are parrots.

**15** 다음 문장에서 잘못된 부분을 한 군데 찾아 바르게 고치세요.

It is Jack bag.

_______________ → _______________

**16** 다음 빈칸에 들어갈 be동사의 형태가 나머지 셋과 다른 것을 고르세요.

① Mr. James _______ my teacher.
② He _______ 35 years old.
③ Billy _______ from Canada.
④ Sam and Ed _______ my cousins.

[17-18] 다음 중 잘못된 문장을 고르세요.

**17**
① I am not hungry.
② Is it your bike?
③ They aren't full.
④ Are she at the park?

**18**
① This hat is hers.
② These are my shoes.
③ That book is interesting.
④ Those glasses is nice.

**19** 다음 질문에 대한 답으로 알맞은 것을 고르세요.

A: Is she happy?
B: _______________________

① Yes, he is. ② Yes, she are.
③ Yes, she is. ④ No, she is.

**20** 다음 문장을 부정문으로 바꿔 쓰세요.

My bicycle is new.

→ _______________________

▶ 출제 연계표

# Overall Test 1회

각 문항이 맞았는지 틀렸는지 표시한 후, 해당 문제가 어느 Chapter에서 출제되었는지 확인해 보세요.

| 문항 | O / X | 출제 연계 chapter |
|---|---|---|
| 1 | | 1 문장의 구성 |
| 2 | | 2 명사(1) |
| 3 | | 2 명사(1) |
| 4 | | 3 명사(2) |
| 5 | | 2 명사(1) |
| 6 | | 3 명사(2) |
| 7 | | 4 관사 |
| 8 | | 4 관사 |
| 9 | | 2 명사(1) / 4 관사 |
| 10 | | 3 명사(2) |

| 문항 | O / X | 출제 연계 chapter |
|---|---|---|
| 11 | | 5 대명사(1) |
| 12 | | 5 대명사(1) |
| 13 | | 6 대명사(2) |
| 14 | | 6 대명사(2) |
| 15 | | 6 대명사(2) |
| 16 | | 7 be동사(1) |
| 17 | | 8 be동사(2) |
| 18 | | 7 be동사(1) |
| 19 | | 8 be동사(2) |
| 20 | | 8 be동사(2) |

DAY 28

# Overall Test 2회

정답 및 해설 p. 13

[1-2] 다음 중 명사의 복수형이 잘못 연결된 것을 고르세요.

1 ① match – matchs
② city – cities
③ boy – boys
④ house – houses

2 ① goose – geese
② man – men
③ mouse – mouses
④ ox – oxen

3 다음 괄호 안에서 알맞은 말을 고르세요.

Mark eats a piece of ( cake / cereal ).

[4-5] 다음 우리말 뜻과 같도록 주어진 단어의 알맞은 형태를 빈칸에 쓰세요.

4 내 여동생은 이가 여섯 개 있다. (tooth).
→ My sister has six _______.

5 10명의 아이들이 잔디 위에 있다. (child)
→ Ten _______ are on the grass.

6 다음 우리말 뜻과 같도록 주어진 단어를 사용하여 문장을 완성하세요.

나는 다섯 봉지의 설탕이 필요하다. (bag)

→ I need ____________________.

[7-8] 다음 문장에서 잘못된 곳을 한 군데 찾아 고쳐 전체 문장을 다시 쓰세요.

7 She needs rices.

→ ____________________

8 Mark drinks three bottle of water.

→ ____________________

9 다음 빈칸에 a 또는 an을 쓸 때 들어갈 말이 나머지 셋과 다른 것을 고르세요.

① We need _______ umbrella.
② I have _______ old bag.
③ Ed eats _______ apple pie.
④ She wears _______ uniform.

10 다음 중 빈칸에 the가 필요 없는 문장을 고르세요.

① He teaches _______ science.
② The birds fly to _______ north.
③ He is in _______ living room.
④ Pass me _______ salt, please.

11 다음 빈칸에 들어갈 말이 나머지 셋과 다른 것을 고르세요.

① My dad is a designer. _______ is 47 years old.
② Tom helps me. _______ is very kind.
③ I know a man. _______ teaches history.
④ I meet Brad and Jacob every week. _______ are tennis players.

**12** 다음 빈칸에 공통으로 들어갈 말을 쓰세요.

- Jessica eats a candy. She likes ______.
- Cindy has a ball. She throws ______.
- David buys a mango. He cuts ______.

→ ________________

**13** 다음 두 문장 중 잘못된 문장을 고르세요.

( The black shoes are his. / The old building is their. )

**14** 다음 문장에서 잘못된 부분을 찾아 바르게 고쳐 쓰세요.

Sarah and Paul are hers children.

________________ → ________________

**15** 다음 우리말 뜻과 같도록 주어진 말을 바르게 배열하세요.

이 멜론들은 매우 달콤하다.
(these, very, are, melons, sweet)

→ ________________

**16** 다음 질문에 대한 알맞은 대답을 완성하세요.

A: Are these cars fast?
B: Yes, ______ ______.

[17-18] 다음 빈칸에 들어갈 be동사의 형태가 나머지 셋과 다른 것을 고르세요.

**17** ① We ______ in the bookstore.
② These songs ______ good.
③ Those puppies ______ small.
④ This ______ a table.

**18** ① That bridge is long. It ______ short.
② The ladies are old. They ______ young.
③ You are thin. You ______ fat.
④ Elephants are big. They ______ small.

**19** 다음 빈칸에 알맞은 be동사의 현재형을 쓰세요.

1) Her parents ______ nice.
2) This cheese ______ delicious.
3) A horse's tail ______ long.

**20** 다음 문장을 의문문으로 바꿔 쓰세요.

The men are handsome.

→ ________________

▶ 출제 연계표

# Overall Test 2회

각 문항이 맞았는지 틀렸는지 표시한 후, 해당 문제가 어느 Chapter에서 출제되었는지 확인해 보세요.

| 문항 | O / X | 출제 연계 chapter |
|---|---|---|
| 1 | | 2 명사(1) |
| 2 | | 2 명사(1) |
| 3 | | 3 명사(2) |
| 4 | | 2 명사(1) |
| 5 | | 2 명사(1) |
| 6 | | 3 명사(2) |
| 7 | | 3 명사(2) |
| 8 | | 3 명사(2) |
| 9 | | 4 관사 |
| 10 | | 4 관사 |

| 문항 | O / X | 출제 연계 chapter |
|---|---|---|
| 11 | | 4 관사 |
| 12 | | 5 대명사(1) |
| 13 | | 6 대명사(2) |
| 14 | | 6 대명사(2) |
| 15 | | 6 대명사(2) / 7 be동사(1) |
| 16 | | 6 be동사(2) |
| 17 | | 7 be동사(1) |
| 18 | | 7 be동사(1) |
| 19 | | 7 be동사(1) |
| 20 | | 8 be동사(2) |

DAY 29

# Overall Test 3회

[1-2] 다음 빈칸에 들어갈 말로 알맞은 것을 고르세요.

1 Jack and I _______ good friends.

① is ② are

③ be ④ am

2 Our cake is in the fridge. _______ is on the table.

① Us ② Its

③ Her ④ Yours

3 다음 문장을 부정문으로 바꿀 때, ①~④ 중 not이 들어갈 위치로 알맞은 곳을 고르세요.

His ① school ② is ③ in ④ the city.

4 다음 두 문장 중 빈칸에 the가 들어갈 수 있는 것을 고르세요.

(We study _______ math. / He goes to _______ north. )

5 다음 중 밑줄 친 부분이 바르게 쓰인 문장을 고르세요.

① The goose are strong.

② My friends walk to west.

③ He is an honest person.

④ Look at the red leafs.

6 다음 밑줄 친 부분의 쓰임이 잘못된 것을 고르세요.

① I know a boy. The boy is from Japan.

② I play the cello every day.

③ The man looks the moon.

④ Ryan plays the basketball after school.

7 다음 빈칸에 are가 들어갈 수 없는 것을 고르세요.

① My feet _______ small.

② Your apple _______ on the table.

③ You _______ brave and strong.

④ The children _______ kind.

8 다음 중 줄여 쓴 형태가 잘못된 것을 고르세요.

① I am → I'm

② he is → he's

③ you are → you're

④ it is → its

[9-11] 다음 중 밑줄 친 부분이 잘못된 문장을 고르세요.

9 ① Babies are on the bed.

② My mother needs three dishes.

③ Three wolves are in the cage.

④ The pianoes are in the living room.

10 ① I know their sister.

② The book is yours.

③ That is hers camera.

④ Kevin is his cousin.

**11** ① Its his new car.
② We're ready!
③ You aren't a doctor.
④ Joan and I are in the room.

**12** 다음 빈칸에 들어갈 수 없는 것을 고르세요.

I buy two pieces of _______.

① cake ② paper
③ pizza ④ juice

[13-14] 다음 우리말과 같도록 주어진 단어를 사용해서 빈칸에 알맞은 말을 쓰세요.

**13** 그는 매일 우유를 두 잔 마신다. (glass)
→ He drinks _______ every day.

→ ______________________________

**14** Cindy는 빵 세 덩어리가 필요하다. (loaf)
→ Cindy needs _______.

→ ______________________________

**15** 다음 중 바르게 쓰인 문장을 고르세요.

① Busy I am today?
② Is it your book?
③ Are tall and kind they?
④ A good teacher is he?

[16-17] 다음 질문에 알맞은 대답을 완성하세요.

**16**
A: Are you a doctor?
B: _______, _______ _______. I am a pilot.

→ _______, _______ _______.

**17**
A: Is Andy a student?
B: _______, _______ _______. He is an elementary school student.

→ _______, _______ _______.

**18** 다음 중 잘못된 곳을 한 군데 찾아 고쳐 문장을 다시 쓰세요.

Our live in Seoul.

→ ______________________________

[19-20] 다음 우리말에 맞게 주어진 단어를 이용하여 영작하세요.

**19** 너의 삼촌은 미국에 계시니?
(uncle, in America)

→ ______________________________

**20** 그것들은 그의 운동화가 아니다.
(sneakers)

→ ______________________________

▶ 출제 연계표

# Overall Test 3회

각 문항이 맞았는지 틀렸는지 표시한 후, 해당 문제가 어느 Chapter에서 출제되었는지 확인해 보세요.

| 문항 | O / X | 출제 연계 chapter |
|---|---|---|
| 1 | | 7 be동사(1) |
| 2 | | 6 대명사(2) |
| 3 | | 8 be동사(2) |
| 4 | | 4 관사 |
| 5 | | 2 명사(1) / 4 관사 |
| 6 | | 4 관사 |
| 7 | | 7 be동사(1) |
| 8 | | 7 be동사(1) |
| 9 | | 2 명사(1) |
| 10 | | 6 대명사(2) |

| 문항 | O / X | 출제 연계 chapter |
|---|---|---|
| 11 | | 7 be동사(1) |
| 12 | | 3 명사(2) |
| 13 | | 3 명사(2) |
| 14 | | 3 명사(2) |
| 15 | | 8 be동사(2) |
| 16 | | 8 be동사(2) |
| 17 | | 8 be동사(2) |
| 18 | | 5 대명사(1) |
| 19 | | 8 be동사(2) |
| 20 | | 8 be동사(2) |

MEMO

MEMO

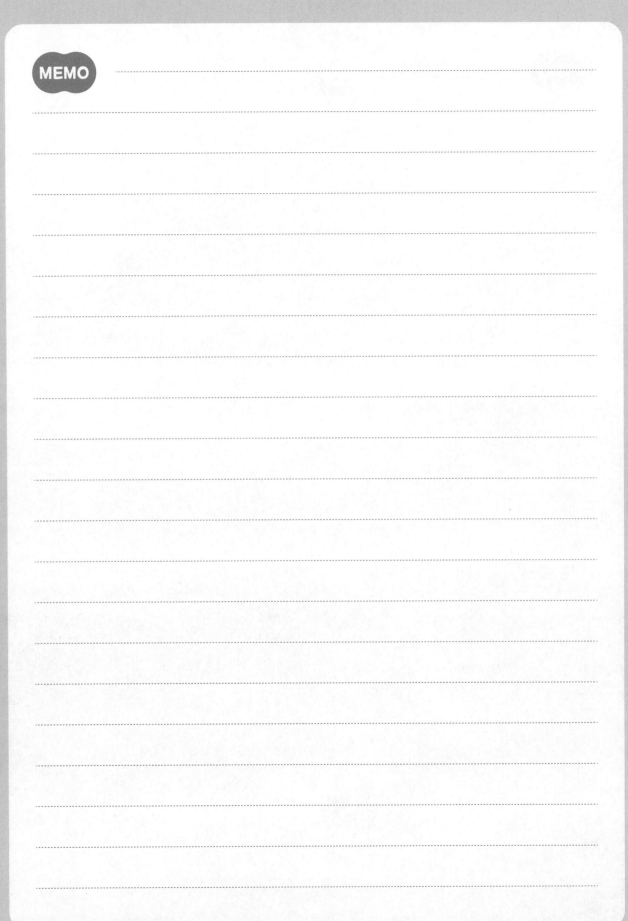

메가스터디BOOKS

# 초등영문법 문장의 원리

Level 1

Workbook

# 차례

# DAY 01 단어와 문장 / 문장의 구성 요소

정답 및 해설 p. 16

Step 1 다음 주어진 알파벳으로 만들 수 있는 단어를 쓰고, 그 단어가 포함된 문장을 〈보기〉에서 찾아 쓰세요.

보기
- The cap is blue. 그 모자는 파란색이다.
- You are a cook. 너는 요리사다.
- The bag is brown. 그 가방은 갈색이다.
- She is angry. 그녀는 화가 났다.
- The bear is hungry. 그 곰은 배가 고프다.
- We call her Anna. 우리는 그녀를 Anna라고 부른다.

1 p c a
단어 ______________
문장 ______________

2 b w o r n
단어 ______________
문장 ______________

3 l c a l
단어 ______________
문장 ______________

4 b a r e
단어 ______________
문장 ______________

5 k c o o
단어 ______________
문장 ______________

6 n g a r y
단어 ______________
문장 ______________

## Step 2 다음 문장에서 틀린 부분을 한 군데를 찾아 고쳐 전체 문장을 다시 쓰세요.

1 Sam is my friend
Sam은 나의 친구이다. → ______

2 do you have a pen?
너는 펜을 가지고 있니? → ______

3 Sheis my mother.
그녀는 나의 엄마이다. → ______

4 she teaches English.
그녀는 영어를 가르친다. → ______

5 tom is my friend.
Tom은 내 친구이다. → ______

## Step 3 다음 우리말 뜻과 같도록 주어진 말을 배열하세요.

1 are / they / happy → 그들은 행복하다.

2 cooks / soup / my mom → 나의 엄마는 수프를 요리하신다.

3 play / the boys / soccer → 그 소년들은 축구를 한다.

4 comic books / like / I → 나는 만화책을 좋아한다.

정답 및 해설 p. 16

## Step 4 다음은 각 인물에 대해 소개하는 표입니다. 표의 내용과 같도록 빈칸에 알맞은 말을 쓰세요.

| 단어 | 직업 | 성격 및 외모 | 좋아하는 운동 |
|---|---|---|---|
| James | teacher | kind | soccer |
| Mike | student | tall | baseball |
| Judy | nurse | pretty | tennis |

1 James is a ______________.

2 Mike is a ______________.

3 Judy is a ______________.

4 ______________ is kind.

5 ______________ is tall.

6 ______________ is pretty.

7 James likes ______________.

8 Mike likes ______________.

9 Judy likes ______________.

## DAY 01 듣고 받아쓰기

✪ **Day 01**에서 공부한 내용 중, 10개의 문장을 듣고 써보세요.

1. You are a ________.

2. The bear is ________.

3. We ________ her Anna.

4. She teaches ________.

5. The boys play ________.

6. Do you ________ ________ ________?

7. I ________ comic books.

8. My mom ________ ________.

9. Mike is ________.

10. Judy likes ________.

# DAY 02 품사

정답 및 해설 p. 16

Step 1 다음 문장에서 명사와 동사를 찾아 순서대로 쓰세요.

1 I am a girl. 나는 소녀이다. → ________ / ________

2 They go to school. 그들은 학교에 간다. → ________ / ________

3 He is in the room. 그는 방에 있다. → ________ / ________

4 I have a cute cat. 나는 귀여운 고양이 한 마리가 있다. → ________ / ________

5 He likes music. 그는 음악을 좋아한다. → ________ / ________

6 This is a table. 이것은 탁자이다. → ________ / ________

7 I play the violin. 나는 바이올린을 연주한다. → ________ / ________

8 Mark is handsome. Mark는 잘생겼다. → ________ / ________

9 It is a book. 그것은 책이다. → ________ / ________

10 That is an umbrella. 저것은 우산이다. → ________ / ________

## Step 2 다음 우리말 뜻과 같도록 주어진 말을 배열하세요.

1 jump / you / high → 너는 높이 뛴다.

2 make / a doll / I → 나는 인형을 만든다.

3 you / fast / walk → 너는 빨리 걷는다.

4 to / go / the library / they → 그들은 도서관에 간다.

5 play / Peter / tennis / I / with → 나는 Peter와 테니스를 친다.

6 on / a pen / is / the table → 펜 한 자루가 탁자 위에 있다.

7 is / it / but / fast / big → 그것은 크지만 빠르다.

8 and / you / are / I / friends → 너와 나는 친구이다.

정답 및 해설 p. 16

## Step 3 다음 주어진 말을 사용해서 단어 개수에 맞게 우리말을 영어로 옮기세요.

1 **a bear** / 4단어 → 그것은 곰이다.

2 **tall** / 3단어 → 그녀는 키가 크다.

3 **history** / 3단어 → 그들은 역사를 공부한다.

4 **doctors** / 3단어 → 그들은 의사들이다.

5 **runs, fast** / 3단어 → **Susan**은 빨리 달린다.

6 **the boy** / 4단어 → 그 소년은 힘이 세다.

7 **the balloons** / 4단어 → 그 풍선들은 크다.

8 **to school, with** / 6단어 → 나는 **Jim**과 함께 학교에 간다.

DAY 02

# 듣고 받아쓰기

✪ **Day 02**에서 공부한 내용 중, 10개의 문장을 듣고 써보세요.

1. I have a ________ ________.

2. He likes ________.

3. That is ________ ________.

4. They study ________.

5. I go to school ________ ________.

6. The ________ are ________.

7. Susan ________ ________.

8. You ________ ________.

9. They go to the ________.

10. It is big ________ fast.

Chapter 1

# 단어 TEST

✪ 반드시 반을 접어서 사용하세요.

Type 1 다음 영단어에 대한 우리말 뜻을 쓰세요.

| | | |
|---|---|---|
| 1 | really | |
| 2 | long | |
| 3 | engineer | |
| 4 | hungry | |
| 5 | fast | |
| 6 | brown | |
| 7 | handsome | |
| 8 | play | |
| 9 | soccer | |
| 10 | doll | |
| 11 | library | |
| 12 | notebook | |
| 13 | pretty | |
| 14 | well | |
| 15 | camera | |
| 16 | dinner | |
| 17 | call | |
| 18 | teacher | |
| 19 | high | |
| 20 | short | |
| 21 | math | |
| 22 | summer | |
| 23 | hat | |
| 24 | beautiful | |
| 25 | angry | |

Type 2 다음 우리말에 해당하는 영단어를 쓰세요.

| | | |
|---|---|---|
| 1 | 정말로 | |
| 2 | 긴 | |
| 3 | 공학자 | |
| 4 | 배고픈 | |
| 5 | 빠른; 빨리 | |
| 6 | 갈색; 갈색의 | |
| 7 | 잘생긴 | |
| 8 | 연주하다, 경기하다, 놀다 | |
| 9 | 축구 | |
| 10 | 인형 | |
| 11 | 도서관 | |
| 12 | 공책 | |
| 13 | 예쁜 | |
| 14 | 잘 | |
| 15 | 카메라 | |
| 16 | 저녁 식사 | |
| 17 | 부르다, 전화하다 | |
| 18 | 선생님 | |
| 19 | 높은; 높이 | |
| 20 | 짧은, 키가 작은 | |
| 21 | 수학 | |
| 22 | 여름 | |
| 23 | 모자 | |
| 24 | 아름다운 | |
| 25 | 화가 난 | |

DAY 04

# 명사 / 셀 수 있는 명사의 복수형(1) - 규칙 변화

Step 1 다음 빈칸에 알맞은 명사의 복수형을 쓰세요.

1 a leaf 나뭇잎 → two ____________

2 a bus 버스 → three ____________

3 a tomato 토마토 → five ____________

4 a city 도시 → six ____________

5 a wife 아내 → four ____________

Step 2 다음 문장의 밑줄 친 부분을 빈칸에 바르게 고쳐 쓰세요.

1 The girl has two cat. 그 소녀는 고양이 두 마리를 가지고 있다. → ____________

2 She has five key. 그녀는 열쇠 다섯 개를 가지고 있다. → ____________

3 He wants a tables. 그는 탁자를 하나 원한다. → ____________

4 I know ten teacher. 나는 열 명의 선생님을 알고 있다. → ____________

5 I need six potatos. 나는 감자 여섯 개가 필요하다. → ____________

정답 및 해설 p. 17

## Step 3 다음 우리말 뜻과 같도록 주어진 말을 배열하세요. (단, 주어진 단어 하나의 형태는 반드시 바꿀 것)

1 have / three / we / baby → 우리는 아기가 세 명 있다.

2 want / the boys / two / bench → 그 소년들은 벤치 두 개를 원한다.

3 need / two / we / knife → 우리는 칼이 두 개 필요하다.

4 see / four / I / monkey → 나는 원숭이 네 마리를 본다.

5 have / three / they / horse → 그들은 말 세 마리를 가지고 있다.

6 are / the hill / five / on / wolf → 늑대 다섯 마리가 언덕 위에 있다.

7 need / we / five / box → 우리는 상자 다섯 개가 필요하다.

8 teaches / ten / she / student → 그녀는 열 명의 학생을 가르친다.

정답 및 해설 p. 17

## Step 4 다음은 Jenny와 친구들이 사야 할 것들의 목록과 개수를 적은 표입니다. 괄호 안의 물건과 표에서 해당하는 물건의 개수를 참고해서 빈칸을 완성하세요.

| 이름 | pencil | toy | potato | orange | knife | dish | box |
|---|---|---|---|---|---|---|---|
| Jenny | 3 | | 4 | | 5 | | |
| Sophie | | 2 | | | | 3 | |
| David | | | | 3 | 2 | | 6 |

1 Jenny needs ____________________. (pencil)

2 Jenny needs ____________________. (potato)

3 Jenny needs ____________________. (knife)

4 Sophie needs ____________________. (toy)

5 Sophie needs ____________________. (dish)

6 David needs ____________________. (orange)

7 David needs ____________________. (knife)

8 David needs ____________________. (box)

## DAY 04 듣고 받아쓰기

✪ **Day 04**에서 공부한 내용 중, 10개의 문장을 듣고 써보세요.

듣기 Mp3

1. The girl has two ________.

2. I need six ________.

3. We have three ________.

4. We need two ________.

5. Five ________ are on the ________.

6. She ________ five ________.

7. I ________ ten ________.

8. They have three ________.

9. Sophie needs two ________.

10. David needs six ________.

DAY 05

# 셀 수 있는 명사의 복수형(2) - 불규칙 변화

Step 1 다음 단어가 단수형이면 오른쪽 빈칸에 복수를 쓰고, 복수이면 단수형을 쓰세요. (단, 단수와 복수가 같을 경우, 주어진 단어와 같은 형태를 빈칸에 쓸 것)

1 woman → ______________

2 feet → ______________

3 geese → ______________

4 oxen → ______________

5 mice → ______________

6 deer → ______________

7 men → ______________

8 fish → ______________

9 child → ______________

10 sheep → ______________

Step 2 다음 문장의 밑줄 친 부분을 빈칸에 바르게 고쳐 쓰세요.

1 It is a geese 그것은 거위이다. → ______________

2 A men is in the room. 한 남자가 방 안에 있다. → ______________

3 Karl has three deers. Karl은 사슴 세 마리를 가지고 있다. → ______________

4 The boy has four sheeps. 그 소년은 양 네 마리를 가지고 있다. → ______________

5 A mice is in the garden. 쥐 한 마리가 정원에 있다. → ______________

정답 및 해설 p. 17

**Step 3** 다음 우리말 뜻과 같도록 주어진 말을 배열하세요. (단, 주어진 단어 하나의 형태는 반드시 바꿀 것)

1 Mr. Green / glass / wears → Green 씨는 안경을 쓰고 있다.

2 want / they / sock / blue → 그들은 파란색 양말을 원한다.

3 in the garden / woman / three / are → 세 명의 여자가 정원에 있다.

4 has / ox / ten / Jake → Jake는 황소 열 마리를 가지고 있다.

5 six / my sister / tooth / has → 내 여동생은 이가 여섯 개 있다.

6 the child / on the playground / run → 그 아이들은 운동장에서 달린다.

7 buys / my mom / pant → 나의 엄마는 바지를 산다.

8 are / my two foot / cold → 나의 두 발이 차다.

정답 및 해설 p. 17

**Step 4** 지호와 민수가 농장에서 본 것들을 기록한 것입니다. 괄호 안의 단어를 사용하여 우리말 뜻과 같도록 영어 문장을 완성하세요. (필요한 경우, 형태를 바꿀 것 / 색으로 표시한 부분에 유의할 것)

**지호의 보고서**

- 한 남자가 청바지를 입고 있다.
- 그는 안경을 쓴다.
- 나는 농장에서 사슴 다섯 마리를 본다.
- 한 마리의 새가 벤치 위에 있다. 그것은 두 개의 날개를 가지고 있다.

**Jiho's Report**

- A man wears blue 1 ________________. (jean).
- He wears 2 ________________. (glass)
- I see 3 ________________ on the farm. (deer)
- A bird is on the bench. It has 4 ________________. (wing)

**민수의 보고서**

- 한 여자가 흰 바지를 입고 있다.
- 그녀는 가위와 두 개의 바구니를 가지고 있다.
- 나는 잔디에서 열 마리의 양을 본다.
- 언덕 위에서 세 마리의 황소가 운다.

**Minsu's Report**

- A woman wears white 5 ________________. (pant).
- She has 6 ________________ and 7 ________________. (scissor, basket)
- I see 8 ________________ on the grass. (sheep)
- 9 ________________ cry on the hill. (ox)

DAY 05

# 듣고 받아쓰기

Day 05에서 공부한 내용 중,
10개의 문장을 듣고 써보세요.

1. It is ______ ______.

2. ______ ______ is in the room.

3. Karl has ______ ______.

4. The boy has ______ ______.

5. They want blue ______.

6. Three ______ are in the ______.

7. Jake has ten ______.

8. He ______ ______.

9. My ______ has six ______.

10. She has ______ and two baskets.

# Chapter 2 단어 TEST

✪ 반드시 반을 접어서 사용하세요.

**Type 1** 다음 영단어에 대한 우리말 뜻을 쓰세요.

| | | |
|---|---|---|
| 1 | park | |
| 2 | market | |
| 3 | computer | |
| 4 | want | |
| 5 | leg | |
| 6 | match | |
| 7 | leaf | |
| 8 | radio | |
| 9 | lady | |
| 10 | puppy | |
| 11 | class | |
| 12 | knife | |
| 13 | city | |
| 14 | ruler | |
| 15 | goose | |
| 16 | tooth | |
| 17 | ox | |
| 18 | sheep | |
| 19 | deer | |
| 20 | glasses | |
| 21 | wear | |
| 22 | grass | |
| 23 | key | |
| 24 | woman | |
| 25 | mouse | |

**Type 2** 다음 우리말에 해당하는 영단어를 쓰세요.

| | | |
|---|---|---|
| 1 | 공원 | |
| 2 | 시장 | |
| 3 | 컴퓨터 | |
| 4 | 원하다 | |
| 5 | (신체) 다리 | |
| 6 | 성냥 | |
| 7 | 나뭇잎 | |
| 8 | 라디오 | |
| 9 | 숙녀 | |
| 10 | 강아지 | |
| 11 | 수업 | |
| 12 | 칼 | |
| 13 | 도시 | |
| 14 | 자 | |
| 15 | 거위 | |
| 16 | 이, 이빨 | |
| 17 | 황소 | |
| 18 | 양 | |
| 19 | 사슴 | |
| 20 | 안경 | |
| 21 | 입다, 쓰다 | |
| 22 | 풀, 잔디 | |
| 23 | 열쇠 | |
| 24 | 여자, 여성 | |
| 25 | 쥐 | |

DAY 07

# 셀 수 없는 명사와 그 종류

정답 및 해설 p. 17

## Step 1 다음 문장에서 셀 수 없는 명사에 ○하세요.

1 I like Halloween.
나는 핼러윈을 좋아한다.

2 The girl needs money.
그 소녀는 돈이 필요하다.

3 My father teaches music.
나의 아버지는 음악을 가르치신다.

4 The air is clean.
그 공기는 깨끗하다.

5 My friend likes snow.
나의 친구는 눈을 좋아한다.

6 They live in London.
그들은 런던에서 산다.

7 The boy plays soccer.
그 소년은 축구를 한다.

8 I go to the park on Friday.
나는 금요일에 공원에 간다.

## Step 2 다음 문장의 밑줄 친 부분을 빈칸에 바르게 고쳐 쓰세요.

1 She is from seoul. 그녀는 서울 출신이다. → ______________

2 My mom uses butters. 나의 엄마는 버터를 사용한다. → ______________

3 My birthday is in may. 내 생일은 5월이다. → ______________

4 I like juices. 나는 주스를 좋아한다. → ______________

5 I eat breads for lunch. 나는 점심으로 빵을 먹는다. → ______________

**Step 3** 다음 우리말 뜻과 같도록 주어진 말을 배열하세요. (단, 틀린 곳 한 군데를 반드시 고칠 것)

1 in this city / is / the airs / clean → 이 도시는 공기가 깨끗하다.

2 my father / drinks / a milk → 나의 아버지는 우유를 드신다.

3 need / they / a soap → 그들은 비누가 필요하다.

4 is / today / saturday → 오늘은 토요일이다.

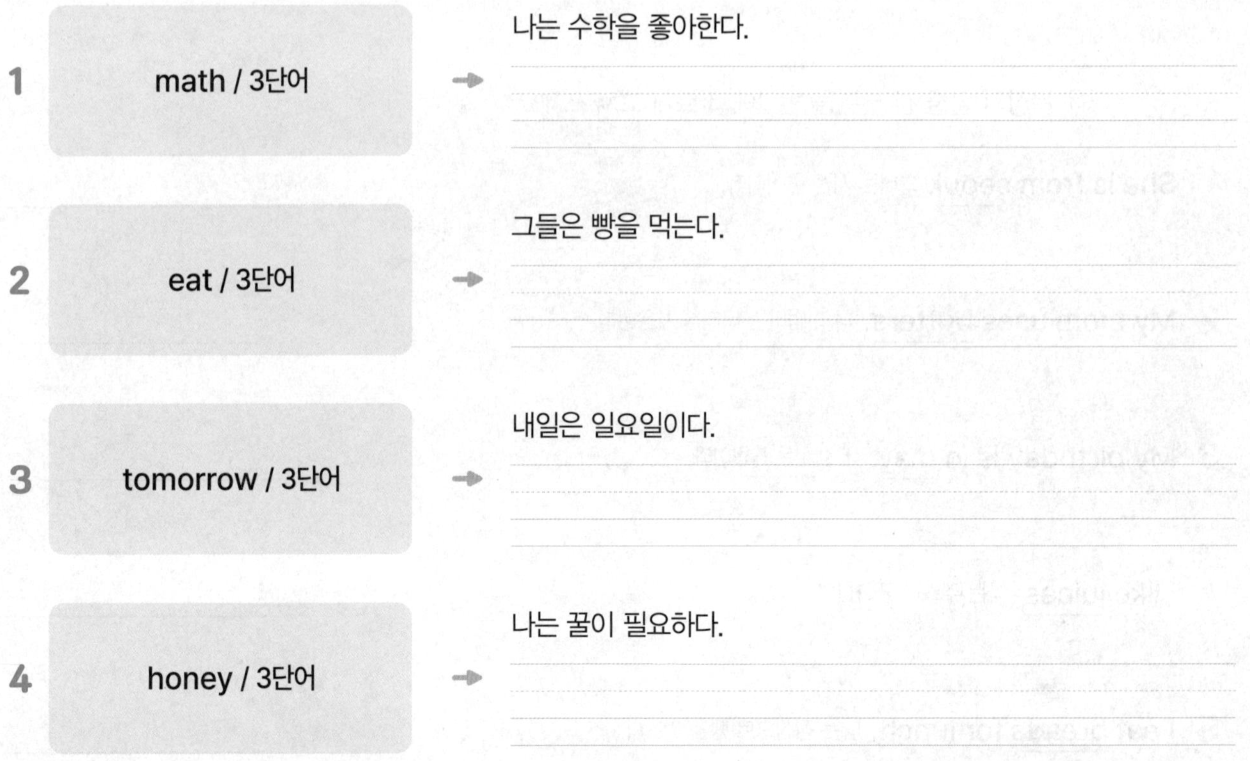

**Step 4** 다음 주어진 말을 사용해서 단어 개수에 맞게 우리말을 영어로 옮기세요.

1 math / 3단어 → 나는 수학을 좋아한다.

2 eat / 3단어 → 그들은 빵을 먹는다.

3 tomorrow / 3단어 → 내일은 일요일이다.

4 honey / 3단어 → 나는 꿀이 필요하다.

정답 및 해설 p. 18

Step 5 다음은 친구들의 자기소개글입니다. 〈보기〉에 있는 단어를 한 번씩만 사용해서 표의 내용에 맞게 빈칸에 알맞은 말을 쓰세요.

보기

| name | from | soccer | rain |
|---|---|---|---|
| friendship | like | Canada | |

1. 이름 : Nick
2. 출신지: 캐나다
3. 좋아하는 운동: 축구
4. 좋아하는 것: 비
5. 중요하게 여기는 것: 우정

1 My ______________ is Nick.

2 I am ______________ ______________.

3 I like ______________.

4 I ______________ ______________.

5 ______________ is important to me.

보기

| love | live | books | well |
|---|---|---|---|
| in | read | speak | Jiho |

6. 이름 : 지호
7. 사는 곳: 인천
8. 매일 하는 활동: 독서
9. 잘하는 것: 영어로 말하는 것
10. 좋아하는 과목: 수학

6 I am ______________.

7 I ______________ ______________ Incheon.

8 I ______________ ______________ every day.

9 I ______________ English ______________.

10 I ______________ math.

DAY 07

# 듣고 받아쓰기

✪ **Day 07**에서 공부한 내용 중, 10개의 문장을 듣고 써보세요.

듣기 Mp3

1. My father ______ ______.
2. I go to the park on ______.
3. My birthday is in ______.
4. I eat bread ______ ______.
5. They need ______.
6. The air is ______ in this ______.
7. I ______ ______ Canada.
8. Friendship is ______ to me.
9. I ______ English ______.
10. I ______ ______.

# DAY 08 셀 수 없는 명사의 수량 표현

정답 및 해설 p. 18

Step 1 다음 괄호 안에서 알맞은 것을 골라 빈칸에 쓰세요. (단, 필요한 경우 형태를 바꿀 것)

1 I need a ______________ of milk. ( glass / loaf )

2 You need three ______________ of honey. ( jar / bag )

3 James buys two ______________ of juice. ( carton / piece )

4 Ken wants four ______________ of salt. ( loaf/ bag )

5 Mike eats two ______________ of cereal. ( bowl / piece )

Step 2 다음 우리말을 영어로 쓸 때, 주어진 말을 사용하여 문장을 완성하세요. (단, 필요한 경우 형태를 바꿀 것)

1 우리는 종이 세 장을 가지고 있다. (paper, sheet)

→ We have three ____________________________.

2 Rooney는 고기 네 덩어리를 원한다. (meat, loaf)

→ Rooney wants four ____________________________.

3 그들은 오렌지잼 두 병을 가지고 있다. (orange jam, jar)

→ They have two ____________________________.

4 그녀는 비누가 두 개 필요하다. (soap, bar)

→ She needs two ____________________________.

5 나는 방과 후에 차 두 잔을 마신다. (tea, cup)

→ I drink two ____________________________ after school.

**Step 3** 다음 우리말 뜻과 같도록 주어진 말을 배열하세요. (단, 주어진 단어 하나의 형태는 반드시 바꿀 것)

1 juice / drinks / two / glass / she / of → 그녀는 주스 두 잔을 마신다.

2 three / we / of / sugar / bag / buy → 우리는 설탕 세 봉지를 산다.

3 makes / bowl / soup / of / mom / two → 엄마는 수프 두 그릇을 만드신다.

4 sheet / needs / ten / of / Sophia / paper → Sophia는 종이 열 장이 필요하다.

5 he / three / of / drinks / cup / coffee → 그는 커피 세 잔을 마신다.

6 buys / cheese / two / of / she / loaf → 그녀는 치즈 두 덩어리를 산다.

7 eat / cake / piece / two / we / of → 우리는 케이크 두 조각을 먹는다.

정답 및 해설 p. 18

**Step 4** 다음은 Jack과 친구들의 아침 식단표입니다. 표의 내용에 맞게 주어진 말을 사용하여 문장을 완성하세요.

| | tea | juice | milk | soup | rice | cereal | bread | cake |
|---|---|---|---|---|---|---|---|---|
| Jack | ✓ | | | ✓ | | | ✓ | |
| Lisa | ✓ | | | | | ✓ | ✓ | |
| Mark | | ✓ | | | ✓ | | | ✓ |

1 Jack drinks ______________________. (a, cup)
Jack은 차 한 잔을 마신다.

2 Jack eats ______________________. (a, bowl)
Jack은 수프 한 그릇을 먹는다.

3 Jack eats ______________________. (three, slice)
Jack은 빵 세 조각을 먹는다.

4 Lisa drinks ______________________. (two, cup)
Lisa는 차 두 잔을 마신다.

5 Lisa eats ______________________. (a, bowl)
Lisa는 시리얼 한 그릇을 먹는다.

6 Lisa eats ______________________. (two, loaf)
Lisa는 빵 두 덩어리를 먹는다.

7 Mark drinks ______________________. (a, glass)
Mark는 주스 한 잔을 마신다.

8 Mark eats ______________________. (two, bowl)
Mark는 밥 두 그릇을 먹는다.

9 Mark eats ______________________. (a, piece)
Mark는 케이크 한 조각을 먹는다.

DAY 08

# 듣고 받아쓰기

Day 08에서 공부한 내용 중, 10개의 문장을 듣고 써보세요.

듣기 Mp3

1. You need three ________ of ________.

2. James buys two ________ of ________.

3. Mike eats two ________ of ________.

4. We have three ________ of paper.

5. Rooney wants four ________ of meat.

6. She needs two ________ of ________.

7. Mom makes two ________ of ________.

8. We eat two ________ of cake.

9. Jack eats three ________ of bread.

10. Mark eats ________ ________ ________ cake.

Chapter 3

# 단어 TEST

○ 반드시 반을 접어서 사용하세요.

Type 1 다음 영단어에 대한 우리말 뜻을 쓰세요.

| | | |
|---|---|---|
| 1 | air | |
| 2 | math | |
| 3 | March | |
| 4 | live | |
| 5 | buy | |
| 6 | soup | |
| 7 | America | |
| 8 | science | |
| 9 | every day | |
| 10 | important | |
| 11 | corn | |
| 12 | honey | |
| 13 | cereal | |
| 14 | flour | |
| 15 | paper | |
| 16 | leaf | |
| 17 | sheet | |
| 18 | meat | |
| 19 | jar | |
| 20 | carton | |
| 21 | soap | |
| 22 | bowl | |
| 23 | drink | |
| 24 | slice | |
| 25 | glass | |

Type 2 다음 우리말에 해당하는 영단어를 쓰세요.

| | | |
|---|---|---|
| 1 | 공기 | |
| 2 | 수학 | |
| 3 | 3월 | |
| 4 | 살다 | |
| 5 | 사다 | |
| 6 | 수프 | |
| 7 | 미국 | |
| 8 | 과학 | |
| 9 | 매일 | |
| 10 | 중요한 | |
| 11 | 옥수수 | |
| 12 | 꿀 | |
| 13 | 시리얼 | |
| 14 | 밀가루 | |
| 15 | 종이 | |
| 16 | 나뭇잎 | |
| 17 | 한 장 | |
| 18 | 고기 | |
| 19 | 병 | |
| 20 | 통[곽] | |
| 21 | 비누 | |
| 22 | (오목한) 그릇 | |
| 23 | 마시다 | |
| 24 | (얇게 썬) 조각 | |
| 25 | (유리) 잔, 유리 | |

# DAY 10 관사 a, an

**Step 1** 다음 괄호 안에서 알맞은 것을 골라 ○하세요.

1 I have ( a / an / 필요 없음 ) yellow dog. 나는 노란색 개 한 마리를 가지고 있다.

2 ( A / An / 필요 없음 ) ant has six legs. 개미는 다리가 여섯 개다.

3 They buy ( a / an / 필요 없음 ) oranges. 그들은 오렌지를 산다.

4 I want ( a / an / 필요 없음 ) small chair. 나는 작은 의자가 하나 필요하다.

5 Eric has ( a / an / 필요 없음 ) parrot. Eric은 앵무새 한 마리를 가지고 있다.

**Step 2** 다음 우리말을 영어로 쓸 때, 주어진 단어를 사용하여 문장을 완성하세요. (단, 필요한 경우 형태를 바꿀 것 / 필요한 경우 a나 an을 추가할 것)

1 그녀는 예술가이다. 그녀는 꽃들을 그린다. (artist, flower)

→ She is ______________________. She draws ______________________.

2 그 아기는 이가 두 개 있다. 그는 사과 하나를 가지고 있다. (tooth, apple)

→ The baby has ______________________. He has ______________________.

3 그 소년들은 배를 하나 가지고 있다. 그들은 칼이 하나 필요하다. (pear, knife)

→ The boys has ______________________. They need ______________________.

4 파리는 아름다운 도시이다. 그것은 하나의 유명한 탑을 가지고 있다. (beautiful city, famous tower)

→ Paris is ______________________. It has ______________________.

5 나는 그 나무에서 오렌지 하나를 딴다. 그것은 하나의 씨를 가지고 있다. (orange, seed)

→ I pick ______________________ from the tree. It has ______________________.

정답 및 해설 p. 18

**Step 3** 다음 우리말 뜻과 같도록 주어진 말을 배열하세요. (단, 필요한 경우 **a**나 **an**을 추가할 것)

1 my sister / orange / sweet / has → 나의 여동생은 달콤한 오렌지를 하나 가지고 있다.

2 have / bicycle / old / I → 나는 오래된 자전거 한 대를 가지고 있다.

3 hour / dinner / she / for / walks / after → 그녀는 저녁 식사 후에 한 시간 동안 걷는다.

4 new / we / need / umbrella → 우리는 새 우산 하나가 필요하다.

5 yellow / we / cheese / need → 우리는 노란 치즈가 필요하다.

6 book / it / interesting / is → 그것은 흥미로운 책이다.

7 for / I / books / read / hour → 나는 한 시간 동안 책들을 읽는다.

정답 및 해설 p. 18

**Step 4** 다음은 Zoe가 그의 가족에 대해 쓴 메모입니다. 메모를 참고하여 빈칸에 a나 an을 쓰세요.

〈My family〉

- Father: pilot / good / car
- Mother: English teacher / kind / music
- Sister: middle school student / honest / uniform

1 My father is ____________ pilot.
나의 아버지는 비행기 조종사이시다.

2 He is ____________ good man.
그는 훌륭한 남자이다.

3 He likes his car. He has ____________ old car.
그는 자신의 차를 좋아한다. 그는 오래된 차 한 대를 가지고 있다.

4 My mother is ____________ English teacher.
나의 어머니는 영어 선생님이시다.

5 She is ____________ kind woman. She likes music.
그녀는 친절한 여자이다. 그녀는 음악을 좋아한다.

6 I have ____________ sister.
나는 한 명의 누나가 있다.

7 She is ____________ middle school student.
그녀는 중학생이다.

8 She is ____________ honest girl.
그녀는 정직한 소녀이다.

9 She wears ____________ uniform.
그녀는 교복을 입는다.

# DAY 10 듣고 받아쓰기

**Day 10**에서 공부한 내용 중, 10개의 문장을 듣고 써보세요.

듣기 Mp3

1. An ant has ______ ______.

2. She ______ ______.

3. The baby has ______ ______.

4. Paris is a beautiful city. It has a ______ ______.

5. I ______ an orange from the tree. It has a ______.

6. I read books ______ ______ ______.

7. It is ______ ______ book.

8. My mother is ______ ______ ______.

9. She wears ______ ______.

10. She is ______ ______ girl.

DAY 11

# 관사 the / 주의해야 할 관사의 쓰임

**Step 1** 다음 빈칸에 the가 필요하다면 the를 쓰세요. 필요 없으면 ×를 쓰세요.

1 Ellen has ____________ breakfast every day. Ellen은 매일 아침 식사를 한다.

2 I have a rabbit. ____________ rabbit is small. 나는 토끼를 한 마리 가지고 있다. 그 토끼는 작다.

3 Pass me ____________ sugar, please. 저에게 설탕을 건네주세요.

4 Please walk to ____________ west. 서쪽으로 걸어가세요.

5 Three girls are at school. I know ____________ girls.
세 명의 소녀가 학교에 있다. 나는 그 소녀들을 안다.

**Step 2** 다음 우리말을 영어로 쓸 때, 주어진 말을 사용하여 문장을 완성하세요. (단, 필요한 경우 the를 추가할 것)

1 그 병원은 왼쪽에 있다. (hospital, left)
➔ ________________ is on ________________.

2 그 소년은 한국어를 말한다. (boy, Korean)
➔ ________________ speaks ________________.

3 나는 방과 후에 거실을 청소한다. (living room)
➔ I clean ________________ after school.

4 그 소년들은 아침 식사로 시리얼을 먹는다. (for, breakfast)
➔ The boys eat cereal ________________.

5 Amy는 개가 한 마리 있다. 그 개는 귀엽다. (dog)
➔ Amy has a dog. ________________ is cute.

## Step 3 다음 우리말 뜻과 같도록 주어진 말을 배열하세요. (단, 필요한 경우 the를 붙일 것)

1 moon / at night / see / we → 우리는 밤에 달을 본다.

2 in / are / sky / clouds → 하늘에 구름이 있다.

3 plays / every day / basketball / he → 그는 매일 농구를 한다.

4 in / he / kitchen / is → 그는 부엌에 있다.

5 on Sunday / piano / they / play → 그들은 일요일에 피아노를 연주한다.

6 north / in / live / we → 우리는 북쪽에 산다.

7 speaks / Chinese / the man → 그 남자는 중국어를 말한다.

8 is / earth / round → 지구는 둥글다.

정답 및 해설 p. 19

**Step 4** 다음은 Brad의 일과표를 참고하여 쓴 글입니다. 〈보기〉의 단어를 한 번씩만 사용하여 문장을 완성하세요. (단, 필요한 경우 the를 붙일 것)

| 보기 | | | | |
|---|---|---|---|---|
| | lunch | soccer | piano | breakfast |
| | dinner | sky | English | moon |

**Brad의 일과**

| | | |
|---|---|---|
| 6:30 | 기상 | I get up at 6:30. 나는 6시 30분에 일어난다. |
| 7:30 | 아침 식사 | I eat soup for 1 ______________ at 7:30. |
| 8:30 | 등교 | I go to school at 8:30. 나는 8시 30분에 학교에 간다. |
| 12:40 | 점심 식사 | I have 2 ______________ at 12:40. |
| 1:30 | 영어 수업 | I have an English class. I like 3 ______________. |
| 3:00 | 축구 | I play 4 ______________ after the English class. |
| 5:30 | 피아노 연주 | I play 5 ______________ every day at 5:30. |
| 7:00 | 저녁 식사 | I have 6 ______________ with my family. |
| 8:00 | 공원 산책<br>(하늘에 달 보기) | I go to the park at 8:00. I see 7 ______________ in<br>8 ______________. |
| 9:00 | 취침 | I go to bed at 9:00. 나는 9시에 잠자리에 든다. |

DAY 11

# 듣고 받아쓰기

**Day 11**에서 공부한 내용 중, 10개의 문장을 듣고 써보세요.

듣기 Mp3

1. Ellen ______ ______ every day.

2. Pass me ______ ______, please.

3. The boy ______ ______.

4. The earth is ______.

5. We see the moon ______ ______.

6. I see the moon ______ ______ ______.

7. We live in ______ ______.

8. He ______ ______ every day.

9. The hospital is ______ ______ ______.

10. I play ______ ______ every day at 5:30.

Chapter 4

# 단어 TEST

✪ 반드시 반을 접어서 사용하세요.

Type 1 다음 영단어에 대한 우리말 뜻을 쓰세요.

| | | |
|---|---|---|
| 1 | uniform | |
| 2 | university | |
| 3 | history | |
| 4 | fresh | |
| 5 | easy | |
| 6 | ugly | |
| 7 | honest | |
| 8 | actor | |
| 9 | eraser | |
| 10 | math | |
| 11 | child | |
| 12 | giraffe | |
| 13 | sport | |
| 14 | right | |
| 15 | left | |
| 16 | north | |
| 17 | west | |
| 18 | east | |
| 19 | south | |
| 20 | pilot | |
| 21 | move | |
| 22 | July | |
| 23 | playground | |
| 24 | volleyball | |
| 25 | shine | |

Type 2 다음 우리말에 해당하는 영단어를 쓰세요.

| | | |
|---|---|---|
| 1 | 교복, 유니폼 | |
| 2 | 대학교 | |
| 3 | 역사 (과목) | |
| 4 | 신선한 | |
| 5 | 쉬운 | |
| 6 | 못생긴, 보기 흉한 | |
| 7 | 정직한 | |
| 8 | 배우 | |
| 9 | 지우개 | |
| 10 | 수학 | |
| 11 | 아이, 자식 | |
| 12 | 기린 | |
| 13 | 스포츠, 운동 | |
| 14 | 오른쪽 | |
| 15 | 왼쪽 | |
| 16 | 북쪽 | |
| 17 | 서쪽 | |
| 18 | 동쪽 | |
| 19 | 남쪽 | |
| 20 | 비행기 조종사 | |
| 21 | 움직이다 | |
| 22 | 7월 | |
| 23 | 운동장 | |
| 24 | 배구 | |
| 25 | 빛나다 | |

DAY 14

# 대명사와 인칭대명사

정답 및 해설 p. 19

**Step 1** 다음 밑줄 친 부분을 알맞은 인칭대명사로 바꿔 빈칸에 쓰세요.

1 Ed and I play soccer. ____________ are friends.

2 Kate wears a nice hat. ____________ is a designer.

3 Dean and Sora are firefighters. ____________ are brave.

4 James is my classmate. ____________ is very tall.

5 You and Sid exercise every day. ____________ are strong.

**Step 2** 다음 우리말을 영어로 옮길 때, 잘못된 부분에 밑줄을 긋고 바르게 고치세요.

1 그녀는 예쁜 소녀이다. → He is a pretty girl. ____________

2 우리는 매우 바쁘다. → They are very busy. ____________

3 그것은 풍선이다. → She is a balloon. ____________

4 너희는 튼튼하다. → They are strong. ____________

5 그것들은 신선하다. → You are fresh. ____________

## Step 3 다음 우리말 뜻과 같도록 괄호 안에서 필요한 말을 골라 바르게 배열하세요.

1. a / he / is / she / pianist → 그녀는 피아노 연주자이다.

2. you / they / butterflies / are → 그것들은 나비이다.

3. a / we / it / is / horse → 그것은 말이다.

4. you / short / am / I → 나는 키가 작다.

5. we / are / actors / you → 너희는 배우이다.

6. she / he / a / is / cook → 그는 요리사이다.

7. honest / are / we / you → 우리는 정직하다.

8. she / is / the / he / room / in → 그는 방 안에 있다.

정답 및 해설 p. 19

Step 4 다음 주어진 말을 사용해서 단어 개수에 맞게 우리말을 영어로 옮기세요.

1 good, friends / 4단어 → 너희는 좋은 친구들이다.

2 fresh / 3단어 → 그것들은 신선하다.

3 brothers / 3단어 → 우리는 형제이다.

4 years, old / 5단어 → 그는 10살이다.

5 pilot / 4단어 → 그녀는 비행기 조종사이다.

6 old, desk / 5단어 → 그것은 오래된 책상이다.

7 nurse / 4단어 → 나는 간호사이다.

8 good, teacher / 5단어 → 당신은 훌륭한 선생님이다.

DAY 14

# 듣고 받아쓰기

✪ **Day 14**에서 공부한 내용 중, 10개의 문장을 듣고 써보세요.

듣기 Mp3

1. Kate ______ a nice hat.

2. They are ______.

3. James is my ______.

4. You and Sid ______ every day.

5. They are ______ ______.

6. I am ______.

7. She is ______ ______.

8. You are ______ ______.

9. It is ______ ______ ______.

10. He is ten ______ old.

# 인칭대명사의 주격, 목적격 (1), (2)

정답 및 해설 p. 20

**Step 1** 다음은 인칭대명사의 주격과 목적격을 정리해놓은 표입니다. 빈칸에 알맞은 말을 쓰세요.

| | 주격 | 우리말 뜻 | 목적격 | 우리말 뜻 |
|---|---|---|---|---|
| 단수 | I | 나는 | me | 나를 |
| | you | 1 ________ | 2 ________ | 너를, 당신을 |
| | he | 그는 | him | 그를 |
| | she | 그녀는 | her | 그녀를 |
| | it | 3 ________ | 4 ________ | 그것을 |
| 복수 | we | 우리는 | 5 ________ | 우리를 |
| | 6 ________ | 너희는, 당신들은 | 7 ________ | 너희를, 당신들을 |
| | they | 그들은, 그것들은 | them | 그들을, 그것들을 |

**Step 2** 다음 문장의 밑줄 친 부분을 대신할 수 있는 인칭대명사로 고쳐 쓰세요.

1 You and your brother like cookies. 너와 너의 남동생은 쿠키를 좋아한다. → ________

2 Andy and Lily are very smart. Andy와 Lily는 매우 똑똑하다. → ________

3 The monkeys are in the zoo. 그 원숭이들은 동물원에 있다. → ________

4 I know the boy. 나는 그 소년을 안다. → ________

5 They help Iren and me. 그들은 Iren과 나를 돕는다. → ________

**Step 3** 다음 우리말 뜻과 같도록 괄호 안에서 필요한 말을 골라 바르게 배열하세요.

1 loves / she / them / her → 그녀는 그것들을 정말 좋아한다.

2 we / live / they / together → 우리는 함께 산다.

3 we / are / you / friends → 우리는 친구이다.

4 know / him / I / them → 나는 그들을 안다.

5 likes / them / he / it → 그는 그것들을 좋아한다.

6 pink / it / she / is → 그것은 분홍색이다.

7 teaches / he / she / Korean → 그는 한국어를 가르친다.

8 he / they / them / loves → 그는 그들을 정말 좋아한다.

정답 및 해설 p. 20

Step 4 다음은 Alex가 자신과 친구들이 점심으로 가장 많이 먹는 음식을 조사한 표입니다. 표의 내용을 참고하여 빈칸에 알맞은 말을 쓰세요.

| | Food | Fruit | Dessert | Drink |
|---|---|---|---|---|
| I | spaghetti | oranges | ice cream | milk |
| Jim | spaghetti | strawberries | cake | juice |
| Sophie | pizza | grapes | chocolate | milk |
| Kevin | chicken | bananas | ice cream | juice |

1 Jim and I eat spaghetti for lunch. ______________ like it.

2 Sophie likes grapes. She eats ______________ for lunch.

3 Kevin and I eat ice cream for dessert. ______________ is very sweet.

4 Jim drinks juice every day. He makes ______________ for lunch.

5 Sophie and I drink milk for lunch. ______________ is fresh.

6 Jim eats cake for dessert. He likes ______________ very much.

7 Sophie eats chocolate for dessert. ______________ buys it every day.

8 Kevin eats bananas every day. ______________ likes ______________ very much.

DAY 15

# 듣고 받아쓰기

Day 15에서 공부한 내용 중, 10개의 문장을 듣고 써보세요.

1. You and your brother ______ ______.

2. Andy and Lily are ______ ______.

3. The ______ are in the ______.

4. I ______ ______.

5. He ______ ______.

6. Jim eats cake ______ ______.

7. She ______ ______ every day.

8. It is ______.

9. Kevin and I eat ice cream ______ ______.

10. Sophie and I ______ ______ for lunch.

Chapter 5

# 단어 TEST

✪ 반드시 반을 접어서 사용하세요.

Type 1 다음 영단어에 대한 우리말 뜻을 쓰세요.

| | | |
|---|---|---|
| 1 | living room | |
| 2 | basket | |
| 3 | busy | |
| 4 | firefighter | |
| 5 | pencil case | |
| 6 | rose | |
| 7 | Japan | |
| 8 | garden | |
| 9 | teacher | |
| 10 | singer | |
| 11 | doctor | |
| 12 | bear | |
| 13 | tired | |
| 14 | bathroom | |
| 15 | model | |
| 16 | meet | |
| 17 | nurse | |
| 18 | rabbit | |
| 19 | dancer | |
| 20 | baker | |
| 21 | look at | |
| 22 | cute | |
| 23 | interesting | |
| 24 | today | |
| 25 | cousin | |

Type 2 다음 우리말에 해당하는 영단어를 쓰세요.

| | | |
|---|---|---|
| 1 | 거실 | |
| 2 | 바구니 | |
| 3 | 바쁜 | |
| 4 | 소방관 | |
| 5 | 필통 | |
| 6 | 장미 | |
| 7 | 일본 | |
| 8 | 정원 | |
| 9 | 선생님 | |
| 10 | 가수 | |
| 11 | 의사 | |
| 12 | 곰 | |
| 13 | 피곤한 | |
| 14 | 화장실 | |
| 15 | 모델 | |
| 16 | 만나다 | |
| 17 | 간호사 | |
| 18 | 토끼 | |
| 19 | 무용수, 댄서 | |
| 20 | 제빵사 | |
| 21 | ~을 보다 | |
| 22 | 귀여운 | |
| 23 | 재미있는 | |
| 24 | 오늘 | |
| 25 | 사촌 | |

# DAY 17 인칭대명사의 소유격, 소유대명사 / 명사의 소유격, 소유대명사

**Step 1** 다음은 인칭대명사의 소유격과 소유대명사를 정리해놓은 표입니다. 빈칸에 알맞은 말을 쓰세요.

| | 소유격 | 우리말 뜻 | 소유대명사 | 우리말 뜻 |
|---|---|---|---|---|
| 단수 | my | 나의 | 1 ________ | 나의 것 |
| | your | 너의, 당신의 | yours | 너의 것, 당신의 것 |
| | his | 그의 | his | 그의 것 |
| | 2 ________ | 그녀의 | 3 ________ | 그녀의 것 |
| | 4 ________ | 그것의 | × | × |
| 복수 | 5 ________ | 우리의 | 6 ________ | 우리의 것 |
| | your | 너희의, 당신들의 | yours | 너희의 것, 당신들의 것 |
| | 7 ________ | 그들의, 그것들의 | 8 ________ | 그들의 것, 그것들의 것 |

**Step 2** 다음 우리말 뜻과 같도록 밑줄 친 부분을 빈칸에 바르게 고쳐 쓰세요.

**1** 그들은 그들의 손을 잘 씻는다.
→ They wash <u>them</u> hands well. ________

**2** 그녀의 언니는 의사다.
→ <u>Hers</u> sister is a doctor. ________

**3** 그것들은 그녀의 아들들의 가방이다.
→ They are her <u>son's</u> bags. ________

**4** 그것들은 여성들의 옷이다.
→ They are <u>womens'</u> clothes. ________

**5** 그 새 컴퓨터는 그들의 것이다.
→ The new computer is <u>their</u>. ________

Step 3 다음 우리말 뜻과 같도록 괄호 안에서 필요한 말을 골라 바르게 배열하세요.

1 tail / it's / long / is / its / it → 그것의 꼬리는 길다.

2 it / puppy / his / is / him / its → 그것은 그의 강아지이다.

3 is / them / their / the / theirs / car → 그 차는 그들의 것이다.

4 are / yours / is / the / glasses / you → 그 안경은 너의 것이다.

Step 4 다음 주어진 말을 사용해서 단어 개수에 맞게 우리말을 영어로 옮기세요.

1 know / 4단어 → 나는 그것의 이름을 안다.

2 friends / 4단어 → 그들은 Jessica의 친구들이다.

3 flowers / 4단어 → 그 꽃들은 Jason의 것이다.

4 beds / 4단어 → 그것들은 여자아이들의 침대들이다.

정답 및 해설 p. 20

Step 5 다음은 Andy가 반 친구들의 가방과 가방 안에 들어 있는 물건에 대해 설명한 글입니다. 표의 내용을 참고하여 빈칸에 알맞은 말을 쓰세요.

| | I | Kate | Jack |
|---|---|---|---|
| 가방 | big | small | new |
| 가방 속 물건 | pencil case | umbrella | shoes |
| 물건의 색 | red | pink | green |

**Andy (I)**

It is 1 ____________ bag. 2 ____________ bag is big.
그것은 나의 가방이다. 나의 가방은 크다.

The pencil case is 3 ____________. Its color is red.
그 필통은 나의 것이다. 그것의 색깔은 빨간색이다.

I like red.
나는 빨간색을 좋아한다.

**Kate**

It is 4 ____________ bag. 5 ____________ bag is small.
그것은 Kate의 가방이다. 그녀의 가방은 작다.

The umbrella is 6 ____________. Its color is pink.
그 우산은 그녀의 것이다. 그것의 색깔은 분홍색이다.

She likes pink.
그녀는 분홍색을 좋아한다.

**Jack**

It is 7 ____________ bag. 8 ____________ bag is new.
그것은 Jack의 가방이다. 그의 가방은 새것이다.

The shoes are 9 ____________. 10 ____________ color is green.
그 신발은 그의 것이다. 그것들의 색깔은 초록색이다.

He likes green.
그는 초록색을 좋아한다.

DAY 17

# 듣고 받아쓰기

✪ **Day 17**에서 공부한 내용 중, 10개의 문장을 듣고 써보세요.

듣기 Mp3

1. ______ color is green.

2. ______ wash ______ hands well.

3. ______ sister is a doctor.

4. The pencil case is ______.

5. The umbrella is ______.

6. They are ______ ______.

7. The new computer is ______.

8. ______ ______ is long.

9. The glasses are ______.

10. I know ______ name.

# DAY 18 지시대명사 / 지시형용사

**Step 1** 다음 우리말 뜻과 같도록 빈칸에 알맞은 지시대명사나 지시형용사를 쓰세요.

1 저것은 Julia의 책가방이다. → ______________ is Julia's backpack.

2 이분은 나의 선생님이다. → ______________ is my teacher.

3 이 바지는 낡았다. → ______________ pants are old.

4 이 거미들을 봐. → Look at ______________ spiders.

5 저 사람들은 Mark의 형들이다. → ______________ are Mark's brothers.

**Step 2** 다음 우리말 뜻과 같도록 밑줄 친 부분을 빈칸에 바르게 고쳐 쓰세요.

1 이들은 나의 사촌들이다.
→ <u>This is</u> my cousins. ______________

2 나는 저 청바지를 좋아한다.
→ I like <u>that</u> jeans. ______________

3 저 사람은 나의 가장 친한 친구이다.
→ <u>Those are</u> my best friend. ______________

4 이 영화는 재미있다.
→ <u>That</u> movie is interesting. ______________

5 이것은 도서관이다.
→ <u>These</u> is a library. ______________

정답 및 해설 p. 21

## Step 3 다음 우리말 뜻과 같도록 괄호 안에서 필요한 말을 골라 바르게 배열하세요.

1 melons / that / is / are / those / sweet → 저 멜론들은 달콤하다.

2 this / sandwiches / he / these / likes → 그는 이 샌드위치들을 좋아한다.

3 her / are / those / puppies / these → 저것들은 그녀의 강아지들이다.

4 this / the / are / in / room / students / these → 그 학생들은 이 방에 있다.

## Step 4 다음 주어진 말을 사용해서 단어 개수에 맞게 우리말을 영어로 옮기세요.

1 beautiful / 4단어 → 이 꽃들은 아름답다.

2 very, dirty / 5단어 → 저 창문들은 매우 더럽다.

3 hospital / 4단어 → 이것은 그의 병원이다.

4 remember, story / 4단어 → 나는 저 이야기를 기억한다.

정답 및 해설 p. 21

**Step 5** 동물원에서 Jacob이 여동생에게 동물들을 설명해주려고 합니다. 동물을 보는 위치와 동물의 수가 적혀 있는 표를 참고하여 〈보기〉에서 알맞은 말을 골라 빈칸에 쓰세요.

| 가까이에서 본 동물 | | 멀리서 본 동물 | |
|---|---|---|---|
| • a giraffe | • three bears | • three tigers | • a lion |
| • a sheep | • five monkeys | • an elephant | • three wolves |
| • six parrots | | • four snakes | |

보기 This is　That is　These are　Those are

1 ________ ________ a giraffe.

2 ________ ________ three tigers.

3 ________ ________ three bears.

4 ________ ________ a lion.

5 ________ ________ a sheep.

6 ________ ________ an elephant.

7 ________ ________ three wolves.

8 ________ ________ five monkeys.

9 ________ ________ six parrots.

10 ________ ________ four snakes.

## DAY 18 듣고 받아쓰기

Day 18에서 공부한 내용 중, 10개의 문장을 듣고 써보세요.

1. ______ pants are old.

2. ______ are Mark's brothers.

3. This movie is ______.

4. ______ ______ are sweet.

5. He likes ______ ______.

6. ______ ______ her puppies.

7. ______ ______ are beautiful.

8. ______ ______ are very dirty.

9. This is his ______.

10. I ______ that story.

Chapter 6

# 단어 TEST

○ 반드시 반을 접어서 사용하세요.

**Type 1** 다음 영단어에 대한 우리말 뜻을 쓰세요.

| | | |
|---|---|---|
| 1 | airport | |
| 2 | children | |
| 3 | princess | |
| 4 | jacket | |
| 5 | classmate | |
| 6 | watch | |
| 7 | coat | |
| 8 | robot | |
| 9 | teddy bear | |
| 10 | dirty | |
| 11 | sweet | |
| 12 | funny | |
| 13 | aunt | |
| 14 | movie | |
| 15 | dress | |
| 16 | skirt | |
| 17 | study | |
| 18 | letter | |
| 19 | deep | |
| 20 | river | |
| 21 | bird | |
| 22 | short | |
| 23 | clothes | |
| 24 | student | |
| 25 | mountain | |

**Type 2** 다음 우리말에 해당하는 영단어를 쓰세요.

| | | |
|---|---|---|
| 1 | 공항 | |
| 2 | 아이들(child의 복수) | |
| 3 | 공주 | |
| 4 | 재킷 | |
| 5 | 반 친구 | |
| 6 | 손목시계; 보다 | |
| 7 | 코트 | |
| 8 | 로봇 | |
| 9 | 테디베어(곰인형) | |
| 10 | 더러운 | |
| 11 | 달콤한 | |
| 12 | 우스운 | |
| 13 | 이모, 아주머니 | |
| 14 | 영화 | |
| 15 | 원피스 | |
| 16 | 치마 | |
| 17 | 공부하다 | |
| 18 | 편지 | |
| 19 | 깊은; 깊이 | |
| 20 | 강 | |
| 21 | 새 | |
| 22 | 키가 작은, 짧은 | |
| 23 | 옷 | |
| 24 | 학생 | |
| 25 | 산 | |

# 명사 / 인칭대명사와 be동사

정답 및 해설 p. 21

**Step 1** 다음 문장의 빈칸에 알맞은 be동사를 쓰세요.

1 The cheese ____________ delicious.
그 치즈는 맛있다.

2 They ____________ plants.
그것들은 식물이다.

3 It ____________ a new bicycle.
그것은 새 자전거이다.

4 You and your sister ____________ tired.
너와 너의 여자 형제는 피곤하다.

5 A sheep ____________ on the hill.
양 한 마리가 언덕 위에 있다.

**Step 2** 다음 문장의 밑줄 친 부분을 빈칸에 바르게 고쳐 쓰세요.

1 She <u>are</u> an English teacher. 그녀는 영어 선생님이다. → ____________

2 The children <u>is</u> at school. 그 아이들은 학교에 있다. → ____________

3 <u>Your'e</u> a good girl. 너는 착한 소녀이다. → ____________

4 My jacket <u>are</u> green. 나의 재킷은 초록색이다. → ____________

5 Amy and Chris <u>is</u> tall. Amy와 Chris는 키가 크다. → ____________

**Step 3** 다음 우리말 뜻과 같도록 괄호 안에서 필요한 말을 골라 바르게 배열하세요.

1 from / is / he / London / are / she → 그는 런던에서 왔다.

2 healthy / are / you / very / am / they → 너희는 매우 건강하다.

3 cheetahs / fast / very / is / are → 치타들은 매우 빠르다.

4 swimmer / I / good / am / a / is → 나는 수영을 잘한다.

**Step 4** 다음 주어진 말을 사용해서 단어 개수에 맞게 우리말을 영어로 옮기세요.

1 pianist / 4단어 → 그녀는 피아니스트이다.

2 camera / 4단어 → 그 사진기는 그들의 것이다.

3 blue pen / 5단어 → 그 파란 펜은 그녀의 것이다.

4 bees / 6단어 → 그 벌들이 그 꽃 위에 있다.

정답 및 해설 p. 21

Step 5 다음은 각 인물에 대해 소개하는 표입니다. 표의 내용과 같도록 빈칸에 알맞은 말을 쓰세요.

| | I (Jinsu) | Emily | Billy | Jack |
|---|---|---|---|---|
| Country | Korea | Canada | America | America |
| Age | 11 | 11 | 16 | 15 |
| Job | student | student | student | student |

1 My name ____________ Jinsu. 나의 이름은 진수이다.

2 I ____________ from Korea. 나는 한국에서 왔다.

3 I ____________ 11 years old. 나는 11살이다.

4 I ____________ a student. 나는 학생이다.

5 Emily and I ____________ friends. Emily와 나는 친구이다.

6 We ____________ the same age. 우리는 나이가 같다.

7 She ____________ from Canada. 그녀는 캐나다에서 왔다.

8 Billy and Jack ____________ my cousins. Billy와 Jack은 나의 사촌이다.

9 Billy ____________ 16 years old. Billy는 16살이다.

10 Jack ____________ 15 years old. Jack은 15살이다.

11 They ____________ from America. 그들은 미국에서 왔다.

12 They ____________ middle school students. 그들은 중학생이다.

DAY 20

# 듣고 받아쓰기

✪ **Day 20**에서 공부한 내용 중, 10개의 문장을 듣고 써보세요.

듣기 Mp3

1. ______ ______ from America.

2. They are ______.

3. ______ ______ is on the hill.

4. The ______ ______ at school.

5. Amy and Chris are ______.

6. He is ______ London.

7. Cheetahs are ______ ______.

8. The camera ______ ______.

9. The ______ ______ on the flower.

10. We are the ______ age.

DAY 21

# 지시대명사와 be동사

정답 및 해설 p. 22

**Step 1** 다음 문장의 빈칸에 알맞은 be동사를 쓰세요.

1 That ______________ my best friend. 저 사람은 나의 가장 친한 친구이다.

2 These books ______________ boring. 이 책들은 지루하다.

3 This cake ______________ yummy. 이 케이크는 맛있다.

4 These dresses ______________ mine. 이 드레스들은 나의 것이다.

5 This present ______________ for you. 이 선물은 너를 위한 것이다.

6 Those trees ______________ tall. 저 나무들은 키가 크다.

7 That garden ______________ great. 저 정원은 훌륭하다.

**Step 2** 다음 우리말 뜻과 같도록 괄호 안에서 필요한 말을 골라 바르게 배열하세요.

1 a / is / are / this / candle → 이것은 양초이다.

2 is / are / city / beautiful / this → 이 도시는 아름답다.

3 cats / white / am / those / are → 저 고양이들은 하얗다.

4 deer / are / is / those → 저것들은 사슴이다.

5 that / am / a / is / bathroom → 저것은 화장실이다.

6 sad / story / are / this / is → 이 이야기는 슬프다.

7 are / these / is / mine / notebooks → 이 공책들은 나의 것이다.

## Step 3 다음 문장에서 틀린 부분을 한 군데를 찾은 후, 전체 문장을 바르게 다시 쓰세요.

1 This milk be cold. 이 우유는 차다.

→

2 These tomatoes is fresh. 이 토마토들은 신선하다.

→

3 This are his toys. 이것은 그의 장난감들이다.

→

4 Those piano is yours. 저 피아노는 너의 것이다.

→

정답 및 해설 p. 22

## Step 4 다음 주어진 말을 사용해서 단어 개수에 맞게 우리말을 영어로 옮기세요.

1 a hat / 4단어 → 이것은 모자이다.

2 clothes / 3단어 → 이것들은 옷이다.

3 shoes / 3단어 → 저것들은 신발이다.

4 a bag / 4단어 → 이것은 가방이다.

5 glasses / 3단어 → 저것들은 안경이다.

6 bowls / 3단어 → 이것들은 그릇이다.

7 brushes / 3단어 → 이것들은 붓이다.

# DAY 21 듣고 받아쓰기

✪ **Day 21**에서 공부한 내용 중, 10개의 문장을 듣고 써보세요.

듣기 Mp3

1. That is my ______ friend.

2. These books are ______.

3. ______ ______ are mine.

4. ______ ______ are tall.

5. That garden is ______.

6. This is ______ ______.

7. ______ ______ is beautiful.

8. These are ______.

9. These are ______.

10. Those are ______.

# Chapter 7 단어 TEST

반드시 반을 접어서 사용하세요.

**Type 1** 다음 영단어에 대한 우리말 뜻을 쓰세요.

| | | |
|---|---|---|
| 1 | insect | |
| 2 | at home | |
| 3 | snail | |
| 4 | animal | |
| 5 | late | |
| 6 | wallet | |
| 7 | thirsty | |
| 8 | delicious | |
| 9 | heavy | |
| 10 | ladybug | |
| 11 | lazy | |
| 12 | comic book | |
| 13 | fun | |
| 14 | painter | |
| 15 | brave | |
| 16 | scarf | |
| 17 | smart | |
| 18 | photo | |
| 19 | bridge | |
| 20 | building | |
| 21 | dark | |
| 22 | famous | |
| 23 | busy | |
| 24 | sleepy | |
| 25 | cheap | |

**Type 2** 다음 우리말에 해당하는 영단어를 쓰세요.

| | | |
|---|---|---|
| 1 | 곤충 | |
| 2 | 집에서 | |
| 3 | 달팽이 | |
| 4 | 동물 | |
| 5 | 늦은 | |
| 6 | 지갑 | |
| 7 | 목마른 | |
| 8 | 맛있는 | |
| 9 | 무거운 | |
| 10 | 무당벌레 | |
| 11 | 게으른 | |
| 12 | 만화책 | |
| 13 | 재미있는 | |
| 14 | 화가 | |
| 15 | 용감한 | |
| 16 | 목도리 | |
| 17 | 똑똑한 | |
| 18 | 사진 | |
| 19 | 다리 | |
| 20 | 건물 | |
| 21 | 어두운 | |
| 22 | 유명한 | |
| 23 | 바쁜 | |
| 24 | 졸린 | |
| 25 | 값싼 | |

DAY 23

# be동사의 부정문

Step 1 다음 우리말을 영어로 옮길 때 빈칸에 알맞은 말을 쓰시오.

1 저것은 그녀의 학교가 아니다. → That ________ ________ her school.

2 그 소녀들은 학생이 아니다. → The girls ________ ________ students.

3 그 소년은 나의 아들이 아니다. → The boy ________ ________ my son.

4 이 옷들은 그녀의 것이 아니다. → These clothes ________ ________ hers.

5 이것들은 너의 장갑이 아니다. → These ________ ________ your gloves.

Step 2 다음 문장의 밑줄 친 부분을 빈칸에 바르게 고쳐 쓰세요. (단, 반드시 줄여 쓴 형태로 쓸 것)

1 They am not foxes. → ________
그것들은 여우가 아니다.

2 These is not her sweaters. → ________
이것들은 그녀의 스웨터들이 아니다.

3 He are not from Japan. → ________
그는 일본에서 오지 않았다.

4 Sam and his brother is not short. → ________
Sam과 그의 남동생은 키가 작지 않다.

5 Amy and I am not his students. → ________
Amy와 나는 그의 학생들이 아니다.

정답 및 해설 p. 22

## Step 3 다음 우리말 뜻과 같도록 주어진 말을 배열하세요.

1 not / is / hotel / this / a → 이것은 호텔이 아니다.

2 beautiful / flowers / not / are / the → 그 꽃들은 아름답지 않다.

3 and / are / tired / not / Lora / Jenny → Lora와 Jenny는 피곤하지 않다.

4 my / he / not / is / brother → 그는 나의 남동생이 아니다.

## Step 4 다음 주어진 말을 사용해서 단어 개수에 맞게 우리말을 영어로 옮기세요.

1 writer / 5단어 → 그는 작가가 아니다.

2 parents / 5단어 → 그들은 나의 부모님이 아니다.

3 in the library / 6단어 → 너희는 도서관에 있지 않다.

4 interesting / 5단어 → 그 게임들은 재미있지 않다.

정답 및 해설 p. 22

**Step 5** 표에 정리된 반대 관계에 있는 단어들을 활용하여 우리말에 맞게 주어진 문장을 완성해 보세요. 단, 주어진 문장을 참고하여 이와 유사한 형태로 답을 작성하세요.

| | | |
|---|---|---|
| • big ↔ small | 1 full ↔ hungry | 2 tall ↔ short |
| 3 clean ↔ dirty | 4 strong ↔ weak | 5 old ↔ new |
| 6 handsome ↔ ugly | 7 fast ↔ slow | 8 cold ↔ hot |

• Elephants are very big. They aren't small.
코끼리들은 매우 크다. 그것들은 작지 않다.

1 Sally and Jimmy ______ ______. They are full.
Sally와 Jimmy는 배가 고프지 않다. 그들은 배부르다.

2 I am short. I ______ ______ ______.
나는 키가 작다. 나는 키가 크지 않다.

3 Those windows ______ ______. They are clean.
저 창문들은 지저분하지 않다. 그것들은 깨끗하다.

4 Her father is strong. He ______ ______.
그녀의 아버지는 강하시다. 그는 약하지 않다.

5 My bicycle is new. It ______ ______.
나의 자전거는 새것이다. 그것은 낡지 않았다.

6 The man is handsome. He ______ ______.
그 남자는 잘생겼다. 그는 못생기지 않았다.

7 Snails are slow. They ______ ______.
달팽이들은 느리다. 그것들은 빠르지 않다.

8 This water is hot. It ______ ______.
이 물은 뜨겁다. 그것은 차갑지 않다.

DAY 23

# 듣고 받아쓰기

✪ **Day 23**에서 공부한 내용 중, 10개의 문장을 듣고 써보세요.

듣기 Mp3

1. That ______ ______ her school.

2. These clothes ______ ______ hers.

3. They are not my ______.

4. He ______ from Japan.

5. They ______ fast.

6. You are not in the ______.

7. ______ ______ her sweaters.

8. He is not ______ ______.

9. He ______ ______.

10. Those windows ______ ______.

DAY 24

# be동사의 의문문 (1), (2)

**Step 1** 다음 주어진 문장을 의문문으로 바꾸어 쓰세요.

1 The baby is sleepy.
그 아기는 졸리다.
→

2 That tea is warm.
저 차는 따뜻하다.
→

3 This is your scarf.
이것은 너의 목도리이다.
→

4 Your brothers are cooks.
너의 형들은 요리사이다.
→

5 Sora and Tim are eight years old.
Sora와 Tim은 8살이다.
→

**Step 2** 다음 빈칸에 알맞은 말을 써서 대화를 완성하세요.

1 A: Are you a musician?
당신은 음악가인가요?
B: No, ____________ ____________.

2 A: Are you and your son happy?
당신과 당신의 아들은 행복한가요?
B: Yes, ____________ ____________.

3 A: Are they on the subway?
그들은 지하철을 타고 있니?
B: Yes, ____________ ____________.

4 A: Is that your umbrella?
저것은 너의 우산이니?
B: No, ____________ ____________.

5 A: Are those your boots?
저것들은 너의 장화이니?
B: Yes, ____________ ____________.

정답 및 해설 p. 22

## Step 3 다음 우리말 뜻과 같도록 괄호 안에서 필요한 말을 골라 바르게 배열하세요.

1 movie / is / are / fun / that → 저 영화는 재미있니?

2 the / room / the / in / is / are / girls → 그 소녀들은 방에 있니?

3 this / hers / is / are / umbrella → 이 우산은 그녀의 것이니?

4 and / Bob / are / you / is / friends → 너와 Bob은 친구니?

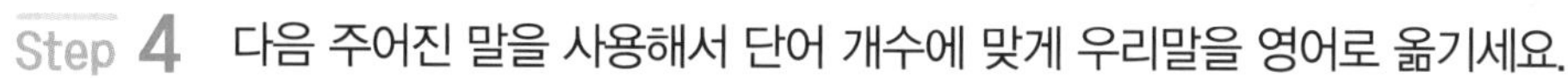

## Step 4 다음 주어진 말을 사용해서 단어 개수에 맞게 우리말을 영어로 옮기세요.

1 tall / 4단어 → 너의 아버지는 키가 크시니?

2 busy / 3단어 → 그들은 바쁘니?

3 pianist / 4단어 → 그녀는 피아니스트니?

4 in, house / 5단어 → Sarah는 그녀의 집에 있니?

정답 및 해설 p. 22

**Step 5** 다음은 네 명의 친구들이 있는 장소와 현재 상태를 정리해놓은 표입니다. 표의 내용에 맞게 아래 질문에 대답하세요.

| | Mark | Daniel | Tina and Jake |
|---|---|---|---|
| 장소 | in the bedroom | in the living room | in the kitchen |
| 상태 | happy | tired | hungry |

A: 1 ______________ Mark in the bedroom? Mark는 침실에 있니?

B: 2 ______________, he is. 응, 그래.

A: 3 ______________ Mark sad? Mark는 슬프니?

B: No, he 4 ______________. He is happy. 아니, 그렇지 않아. 그는 행복해.

A: Is Daniel in the bathroom? Daniel은 화장실에 있니?

B: No, he 5 ______________. He 6 ______________ in the living room. 아니, 그렇지 않아. 그는 거실에 있어.

A: Is Daniel tired? Daniel은 피곤하니?

B: 7 ______________, he is. 응, 그래.

A: 8 ______________ Tina and Jake in the kitchen? Tina와 Jake는 부엌에 있니?

B: Yes, 9 ______________ ______________. 응, 그래.

A: 10 ______________ Tina and Jake full? Tina와 Jake는 배가 부르니?

B: No, 11 ______________ ______________. They are hungry. 아니, 그렇지 않아. 그들은 배고파.

DAY 24

# 듣고 받아쓰기

Day 24에서 공부한 내용 중, 10개의 문장을 듣고 써보세요.

듣기 Mp3

1. ________ Mark ________ the bedroom?

2. ________ they ________?

3. Are you ________ ________?

4. Is Daniel ________ ________ ________?

5. ________ ________ umbrella hers?

6. ________ ________ your boots?

7. Is that movie ________?

8. Is that tea ________?

9. Are the ________ ________ the room?

10. ________ Tina and Jake in ________ ________?

Chapter 8

# 단어 TEST

✪ 반드시 반을 접어서 사용하세요.

**Type 1** 다음 영단어에 대한 우리말 뜻을 쓰세요.

| | | |
|---|---|---|
| 1 | scientist | |
| 2 | bedroom | |
| 3 | clean | |
| 4 | fruit | |
| 5 | interesting | |
| 6 | weak | |
| 7 | whale | |
| 8 | sneakers | |
| 9 | baseball | |
| 10 | lake | |
| 11 | daughter | |
| 12 | classroom | |
| 13 | same | |
| 14 | age | |
| 15 | sweater | |
| 16 | full | |
| 17 | ready | |
| 18 | Italy | |
| 19 | writer | |
| 20 | cousin | |
| 21 | sick | |
| 22 | warm | |
| 23 | spider | |
| 24 | glove | |
| 25 | handsome | |

**Type 2** 다음 우리말에 해당하는 영단어를 쓰세요.

| | | |
|---|---|---|
| 1 | 과학자 | |
| 2 | 침실 | |
| 3 | 깨끗한 | |
| 4 | 과일 | |
| 5 | 재미있는 | |
| 6 | 약한 | |
| 7 | 고래 | |
| 8 | 운동화 | |
| 9 | 야구 | |
| 10 | 호수 | |
| 11 | 딸 | |
| 12 | 교실 | |
| 13 | 같은 | |
| 14 | 나이 | |
| 15 | 스웨터 | |
| 16 | 배가 부른, 가득 찬 | |
| 17 | 준비된 | |
| 18 | 이탈리아 | |
| 19 | 작가 | |
| 20 | 사촌 | |
| 21 | 아픈 | |
| 22 | 따뜻한 | |
| 23 | 거미 | |
| 24 | 장갑 | |
| 25 | 잘생긴 | |

메가스터디 초등 학습 시리즈

메가스터디BOOKS

내용 문의 02-6984-6908 | 구입 문의 02-6984-6868,9 | www.megastudybooks.com